增广贤文

小学生国学文库

颜兴林 编译

二十一世纪出版社
21st Century Publishing House
全国百佳出版社

图书在版编目（CIP）数据

增广贤文 / 颜兴林编译.
— 南昌：二十一世纪出版社，2015.1（2016.7重印）
（小学生国学文库）
ISBN 978-7-5391-9564-3

Ⅰ.①增… Ⅱ.①颜… Ⅲ.①古汉语—启蒙读物
Ⅳ.①H194.1

中国版本图书馆CIP数据核字(2014)第286912号

增广贤文　　颜兴林/编译　　杨倩倩/绘

策　　划	张秋林
责任编辑	周向潮
责任校对	费艳青
出版发行	二十一世纪出版社（江西省南昌市子安路75号　330009） www.21cccc.com　cc21@163.net
出 版 人	张秋林
经　　销	全国各地书店
印　　刷	南昌红星印刷有限公司
版　　次	2015年1月第1版　2016年7月第4次印刷
开　　本	880mm×1230mm　1/32
印　　张	6.25
书　　号	ISBN 978-7-5391-9564-3
定　　价	15.00元

赣版权登字—04—2014—1010
（如发现印装质量问题，请寄本社图书发行公司调换，服务热线：0791-86512056。）

总 序

　　陈列在面前的这套《小学生国学文库》，是我们为孩子们精心打造的。

　　"国学"一词，始盛行于20世纪初至40年代，指对中国固有的传统文化学术的研究。"历史悠久、丰富灿烂的中国传统文化，是中华民族伟大智慧与创造力的结晶。它以独特的东方的内质与形态，加入人类文明创造的行列，成为人类文化宝藏中的精品。"（北京大学《国学研究》发刊词）我们华夏民族的传统国学源远流长，以先秦的诸子学说为根基，并涵盖了各朝各代的代表性学说，从而汇聚成一个博大精深的文明宝库。弘扬优秀的传统国学，可以提高我们民族的自尊心、自信心，增强爱国主义的凝聚力，提升人们的道德修养和人文素质。弘扬优秀的传统国学，是我们一代一代炎黄子孙的神圣职责！

　　我曾经在另一套少儿丛书的序言中说过："少年儿童是民族的未来，他们像初升的太阳，前程一片广阔灿烂；他们像春天的新笋，节节向上直指蓝天！"一方面少年儿童对世界充满了好奇，并且处于生命中吸收能力与记忆能力最强的阶段；另一方面他们的心灵如同白绢，纯洁无瑕，既能写最新最美的文字、画最新最美的图画，又"染于苍则苍，染于黄则黄，不可不慎也"（《墨子·就染》）。因此，让他们从小接受良好的国学熏陶和人文教育，培养优良的道德品德和淡雅沉稳的气质，使他们增长阅历见识和丰富语言知识，对他们未来的人生而言，无疑是十分重要、终身受益的。

　　这套丛书取名为《小学生国学文库》，说是"文库"，也不是什么都收的百宝库，而是力求囊括要籍、集结精品。其中收入了历史上流传最广的几十种国学典籍，都是代代相传、百读不厌的优秀之作：《百家姓》《三字经》等，是脍炙人口的蒙学读物，短小精悍，易学好记，道理深刻；《增广贤文》《幼学琼林》等，则几乎是古代名言警句的汇编，言简意赅，嚼之愈有味、味之愈悠长；《诗经》《唐诗》《宋词》等，则精选了诗词中最为传诵的名篇佳作，朗朗上口，易记好诵，升华人的审美情趣和艺术修养；《孝经》《弟子规》等，则内容丰富，包罗万象，教人以为人处世的道理和待人接物的礼节；而《孙子兵法》《三十六计》等，则蕴涵了前人无尽的智慧，富有哲理，给人以回味和启迪。

紧紧地把握原典，牢牢地扎根原著，是我们编纂这套丛书最基本的理念。在保持原文原貌的基础上，加上细致的解析来帮助小读者消化理解。同时，还附加了相关的历史故事以及知识讲堂，使孩子们在领悟原文精髓的同时，增加了阅读的趣味性。全套丛书收有大小故事数百个，几乎涵盖了中国历史上有名的人物和有名的事件，使孩子们在阅读过程中，加深对我国悠久的历史以及广为流传的人物故事的了解，既扩大了知识面，又增强了民族自豪感。

唐代诗圣杜甫曰："读书破万卷，下笔如有神。" 宋代大文豪苏轼曰："好书不厌百回读，熟读深思子自知。"阅读和背诵，是人们获取知识、增加智慧的一种重要途径。相信这一套《小学生国学文库》的出版发行，一定能引起小读者们的浓厚兴趣，从而在这一片国学知识的汪洋大海里自由自在地遨游，丰富自己、提升自己，使自己成长为一个有修养、有内涵的人，一个道德高尚、品行纯粹的人，一个知识日益丰富、能力比较全面的人，一个有益于社会、有益于人民大众的人。一句话，从幼儿小的人，成长为一个成熟的大人，一个人生意义上真正的人，一个大写的人！

北京大学中文系教授，博士生导师

2013年元月于北京大学静园一院银杏树下

前　言

　　《增广贤文》，顾名思义，是一本由有韵律的谚语和文献佳句选编而成的贤文集，是前人对于其所在时代的优秀传统和观点的总结。它的很多内容都是流传较广的经典名言和俗语，包含着深刻的人生哲学和道理，语言也对仗工整，读起来朗朗上口。

　　《增广贤文》的内容十分广泛，表面上看起来杂乱无章，没有章节，也没有严格的分类，但是其有着内在的逻辑，大致内容可以包括这几个方面：一是谈人和人际关系，二是谈命运，三是谈如何处世，四是表达对读书的看法。

　　《增广贤文》是我国古代著名的儿童启蒙经典，又名《古今贤文》，书名最早出现在明朝万历年间的戏曲《牡丹亭》中，由此可以推知它最迟写成于明朝万历年间。《增广贤文》产生后，明朝和清朝的两代文人又不断地增补，所以有些版本的内容不尽相同。《增广贤文》的作者在古代书籍中一直没有记载，只知道清朝同治年间的儒生周希陶曾经对其进行过修订，可以说是民间创作的结晶。由于《增广贤文》来自民间，所以其多少反应了民间底层人民的思想。编订者通过自身对社会对世界的认识和自己丰富的阅历，对古今贤文加以整理，因而产生了《增广贤文》。

　　与一般蒙学书籍的说教不同，《增广贤文》对于人性的认识是以"性本恶"思想为前提的，语言比较辛辣，对于社会和人情冷暖有很深刻的认识。它以冷峻的目光洞察了当时社会的功利化，被金钱所污染，如"贫居闹市无人问，富在深山有远亲"；友情有时候也只是一句谎言，大家各取所需，如"有酒有肉多兄弟，急难何曾见一人"；法律和正义早已被金钱所操控，所有人都唯利是图，如"衙门八字开，有理无钱莫进来"；人性被利益所扭曲，人心叵测，如"画虎画皮难画骨，知人知面不知心"。这些内容都是很深的感悟，有些是客观存在的事实，但又难免极端化，对于人生太过悲观。我们青少年正处于渴望知识的时期，对社会的认识处于空白阶段，而清楚人生的残酷不是没有必要的，这可以为将来的挫折做好准备，但也应该客观对待这些思想，不悲观，不盲从，应该清楚地认识到，只有通过自己的努力，才能获得成功，而只要自己尽力去付出，就一定会有收获。

冷静、客观、通俗，是《增广贤文》不同于其他蒙学经典的特色，它能一直流传至今就已经证明了它的价值，《增广贤文》的内容或许可以还原给小朋友们一个真实的世界，从而去掉之前太多的理想成分，这样可以避免将来四处碰壁。而提前认识到世界的残酷则可以激发个人奋斗的热情，强大、充实自己，才能不随波逐流。可以说，《增广贤文》是一本真实的书，任何时代都不落伍的书，一本催人奋进的书。

由于《增广贤文》是一本名言集，所以它的很多内容读起来会觉得似曾相识，而理解起来也不会很困难。它其中的内容有些地方强调命运和因果报应，这些是不可取的，是消极的，但它又提倡做好事，行善积德，努力奋斗，还有教人如何得体地待人接物，这部分是全文的核心，是值得肯定的。

社会是残酷的，这是《增广贤文》想要表达的内容，但决不是为了残酷而残酷，而是想通过这些残酷的客观事实来引领人们去克服困难，驾驭挫折，实现个人的价值。因为一个人只有正确认识困难，直面困难，他才能够克服困难，最终获得成功。

《增广贤文》包含的不仅是前人的智慧，还有前人的人生经验，我们要客观对待，取其精华，去其糟粕，在贤文的教导下堂堂正正做人。

目录

目录

目录

昔时贤文，诲汝谆谆。
集韵增广，多见多闻。
观今宜鉴古，无古不成今。

释文

古时候圣人流传下来许多有名的格言和谚语，都是谆谆教导子孙后代为人处世的道理的。

现在把这些格言和谚语集结起来编成书，再补充些新的格言，好让后人从这本书中获得更多的见识和见闻。

一个人想要观察、了解当今的世间百态，就应该多多借鉴古人的经验和教训。没有历史，就不可能有今天。

历史故事

司马光修《资治通鉴》

司马光是北宋时期著名的政治家、文学家和史学家，他为人温良谦恭、刚正不阿，历来受人景仰。司马光主持编纂了中国历史上第一部也是最大一部编年体通史《资治通鉴》，对后世影响巨大。

《资治通鉴》全书共294卷，约300多万字，工程非常浩大。全书从公元前403年战国初期的三家分晋一直写到公元959年周世宗征淮南，前后共1362年。司马光把这1362年里的重大史实，按照时代先后，以年月为经，以史实为纬，顺序记述。对于重大历史事件的前因后果和各方面的关联都交待地非常清楚，有些地方体现出了司马光个人比较独到的见解。可以说，《资治通鉴》对于全民普及历史知识作出了很大的贡献。

增广贤文

至于司马光为什么要修这本书，我们通过"资治通鉴"这个名字就可以看出来了。宋神宗认为这部书"鉴于往事，有资于治道"，所以钦赐了这个名字，这也体现了宋神宗的个人觉悟。历史已经成为过去，已成定局，改变不得，但是后世的人可以从中吸取经验和教训。前人犯过的错误要清醒地认识，以免重蹈覆辙；而前人成功的经验，则要在此基础上加以利用。对于统治者来说，仔细地了解和分析前朝的利与弊、兴与衰，对于自己如何治理国家是具有指导意义的。比如汉朝初期，汉文帝和汉景帝吸取秦朝暴政导致灭亡的教训，让百姓休养生息，还减免赋税，才造就了著名的"文景之治"。

　　唐太宗也曾经说过，"以史为鉴，可以知兴替"，而我们每一个人都可以通过阅读历史而收获智慧。

知己知彼，将心比心。
酒逢知己饮，诗向会人吟。
相识满天下，知心能几人。

释文

　　人与人相处，不但要认识、了解自己，还要懂得了解、体谅别人。用自己的心来衡量别人，设身处地地为别人着想，凡事相互理解，这样就会融洽得多。

　　酒要留到与知己相逢的时候再喝，诗作只为懂得其寓意的人吟诵。因为只有知己才会了解自己，与我心灵相通，体会得到我的痛苦与欢乐。

　　认识的人可能满天下都是，可是真正彼此相互了解的人又有几个呢！

历史故事

高山流水

　　《高山流水》是中国古代十大名曲之一，曲中蕴涵了天地的浩远、山水的灵韵，可以说是中国古乐主题表现的最高境界。关于这个曲子，有一个流传千古的故事，体现了朋友之间那份相知相交的知音之情。

　　传说伯牙是春秋时期楚国著名的琴师，他善于鼓琴，经常在琴音中表达自己的志向，可是真正能懂得他的人少之又少。为此，伯牙十分苦闷，常常一个人在深山中鼓琴。

　　一次，伯牙乘舟东下，在一处亭中临时避雨，闲来无事，抚琴而歌。他的第一支曲子意在高山。恰巧路过这里的一个樵夫

钟子期被琴声所吸引，停住脚步欣赏伯牙的琴声，不禁赞叹说："妙啊，这曲子有巍然高山的气质啊。"伯牙有些惊讶，心想这个樵夫居然能懂自己的曲子。于是又换了一首志在流水的曲子。钟子期听罢又赞叹道："妙啊，这曲子就像浩荡的流水一般啊。"伯牙又惊又喜，从此与钟子期结为知音。伯牙每作新曲，都先演奏给钟子期听，而钟子期总能一下子就听出这些曲子创作的主旨和表现的主题，这让伯牙很是兴奋。

可惜钟子期不久就去世了，伯牙后来再没遇到过那样的知音了。伯牙十分伤心，就亲手摔断了自己的琴，发誓今生今世再也不鼓琴了。因为表现心灵的曲子只为知音演奏，也只有知音能够听得懂。而现在知音已去，再弹奏还有什么意义呢。

相逢好似初相识，
到老终无怨恨心。
近水知鱼性，近山识鸟音。
易涨易退山溪水，
易反易覆小人心。

释文

　　朋友之间的相处如果能一直像刚刚认识的时候那般亲密真诚，互相尊重，彼此没有小心思的话，就可以相处一辈子，就算到老彼此都不会有什么怨恨之心。

　　一个人长期生活在水边，那么他对鱼的习性肯定非常了解。同样，长期生活在山林里的人，能分辨各种鸟的声音。

　　山溪间的水在下雨时会一下子暴涨，等到雨停了，水又马上退了，变化非常快。而小人之心也是如此，狡猾狡诈，反复无常，没有定数，实在是可耻。

历史故事

善变的吕布

　　吕布是三国时期著名的猛将，他武艺高强，万夫莫敌，是当时的一位风云人物。《三国演义》里经常有人骂吕布是"三姓家奴"，这个时候吕布就像是被揭了伤疤，会非常恼怒。"三姓家奴"说的是吕布先认丁原为义父，后来又认董卓为义父，加上他自己的姓，一共有三个姓了，说明他这个人反复无常。真实历史上的吕布其实比小说里写的还要多变。

　　吕布起初因勇武被并州刺史丁原认为义子，并被任命为骑都

增广贤文

尉。汉灵帝死后，丁原进京与大将军何进密谋诛杀宦官。董卓进京后，以高官厚禄和赤兔马引诱吕布杀了丁原。之后，董卓将吕布收为义子，对他十分信任。

董卓这个人十分凶暴，他知道自己仇人多，所以就让吕布贴身保卫他。但是董卓又生性多疑，曾经因为一件小事差点杀了吕布。而吕布与董卓的婢女有染，生怕被董卓发现，心中十分不安。后来，司徒王允等谋划诛杀董卓，并试图拉拢吕布。吕布欣然答应，最后成功刺杀了董卓。

董卓死后，他的部将李傕和郭汜杀入京城，吕布战败，于是仓皇出逃。之后，吕布先后投靠过袁术、袁绍、张杨，但他傲慢的性格使他与谁都无法相处。

后来吕布投靠徐州的刘备，刘备就让他屯兵小沛。谁知吕布趁刘备与袁术相争，趁机夺取了徐州。后来刘备回来，吕布却让刘备屯兵小沛。后吕布与袁术攻打刘备，刘备只好西投曹操。吕布为人没有主见，虽有谋士陈宫却不知重用，与人结盟毫无信用，当时很多诸侯都对他十分讨厌。

公元198年，曹操攻打吕布的根据地下邳，围攻三个月，吕布军中上下离心，终于战败。吕布被绑着押到曹操的面前时，他又请求曹操饶命，称要为曹操统一天下效犬马之劳。一旁的刘备提醒曹操当年丁原和董卓的下场，最终曹操果断地斩了吕布。

吕布虽然英武，但是其为人不守信用，根本没有人格可言，又反复无常，注定成不了大事。

运去金成铁，时来铁似金。
读书须用意，一字值千金。
逢人且说三分话，未可全抛一片心。
有意栽花花不发，无心插柳柳成荫。
画虎画皮难画骨，知人知面不知心。
钱财如粪土，仁义值千金。

释文

运气不好的时候金子都能变成铁，而运气好的时候铁也能变成黄金。所以我们要善于抓住机遇，懂得扬长避短。

读书要下苦功夫，要知道知识的可贵。一个人有了渊博的知识，一辈子都会受益无穷。

对人说话要留有余地，不要光顾着一时痛快，什么话都说，也不要对什么人都交心，凡事有所保留。这不是保守，而是做人应该具有的一种戒备。

天下的事没有绝对的，也不可能每件事都像你想象的那样去发展。有时候你用尽心思种花，可花就是不开。而随意插下的柳树，却会长得很茂盛。

画家可以把老虎的外表画得栩栩如生，老虎的骨头却是无论如何也画不出来的。而我们认识一个人，虽然可以从他平时的言谈举止了解他，却难以洞悉他的内心思想。

世间的人通常都把钱财看得很重要，其实钱财就如粪土一样，只有仁义和道德才是无价之宝。

增广贤文

《水浒传》中的仁义

　　《水浒传》是我国的四大名著之一，是第一部歌颂农民起义的白话文长篇小说。《水浒传》塑造了一系列豪侠仗义、除暴安良、替天行道的英雄形象，其中也着力宣扬了"钱财如粪土，仁义值千金"的思想。

　　《水浒传》里的晁盖、宋江和柴进都是仗义疏财的好汉。

在他们眼中，钱财都是不值一提的身外之物，而仁义才是最重要的。晁盖是东溪村的好汉，因为他为人仗义，赤发鬼刘唐特地来投奔他，智多星吴用为他献策，阮氏三兄弟也甘心与他一起劫生辰纲。后来在梁山泊，林冲杀了王伦，晁盖毫无疑问就做了首领。

宋江是山东郓城的押司，闻名于山东、河南、河北，在江湖上他"及时雨"、"呼保义"的大名几乎无人不知。因为宋江平时就爱接济落魄的好汉，给予钱财资助，尽心尽力。在清风山，宋江被矮脚虎王英等捉住，王英等三人以为宋江是官府的奸细，要杀了宋江。但后来宋江报出了自己的名字，王英、燕顺和郑天寿连忙跪在地上叫"哥哥"。因为在江湖人的心中，仗义疏财的宋江已经是仁义的象征了。虽然王英他们与宋江素未谋面，但还是非常敬重宋江的。

小旋风柴进是后周皇室的后人，家资丰厚。但他不是个守财奴，府中专门收留英雄好汉，即使是犯了罪的也不在乎，钱财更是不会吝惜。柴进府中收留了许多后来梁山中的大人物，如林冲在柴进府上棒打洪教头，宋江在此结识了武松，而美髯公朱仝也是在这里决定上梁山的。正是因为柴进的仁义，后来他被困高唐州时，梁山好汉率大军去救他，耗费再大也不在乎。

人生在世，钱财毕竟是身外之物。留下钱财不用，终究不会有什么作用，守财奴其实是最贫穷的。而仁义是真正的无价之宝，一个好名声比什么都重要。

原文

流水下滩非有意，白云出岫本无心。
当时若不登高望，谁信东流海洋深。

路遥知马力，事久见人心。
两人一般心，无钱堪买金；
一人一般心，有钱难买针。

释文

水流从山上流到下滩不是有意的，白云从洞中穿过也是无心的，这些都是客观的自然规律。

当年如果不是登高望远，又怎么知道海水东流和海洋的浩瀚呢？凡事要去做，去实践，亲自去体验，不可以只顾纸上说教。

路途远了，才知道马的能力，经历的事情多了，与人相处久了才能了解人心。

两个人一条心，齐心协力，就能做好很多事情，日子会越过越好，也不怕没钱买金银了。但如果各怀异心，就什么事也做不成，日子会越过越穷，连买针的钱都难有。

历史故事

明英宗与钱皇后的患难真情

明英宗朱祁镇是明朝的第6任和第8任皇帝，是中国历史上不多见的复辟皇帝。虽然他两次做皇帝，但是他的一生非常坎坷崎岖，历经磨难。还好明英宗的身边始终有一个人和他不离不弃，生死相随，在明争暗斗不断的宫廷里给了他真情的呵护，那就是他的第一任皇后钱皇后。

钱皇后出生并不是很高贵，其祖上只是一般的武官而已。英宗的祖母张太后看中了她老实本分，贤良淑德，真诚单纯，所以才赐婚给英宗。英宗15岁的时候就娶了钱皇后，孤家寡人的皇帝从此就不再是一个人了。而钱皇后也没有因为自己是皇后就觉得多么的了不起，她心里想的只是好好做丈夫的贤内助，只要丈夫好，她别无他求。

　　明英宗十分喜爱钱皇后，两人虽贵为皇帝和皇后，却过着与普通夫妻一样的生活。明英宗爱屋及乌，想封钱家为侯，这对平常人而言是求之不得的，却被钱皇后推辞了。钱皇后认为自己被封为皇后已经是受了莫大的恩宠了，要是钱家再被封侯那就难免被人闲言碎语，另外也实在没有这个必要。

　　但好景不长，英宗在大太监王振的唆使下亲征瓦剌，结果不幸在土木堡之战中被俘，然后英宗的弟弟登基做了皇帝。钱皇后知道丈夫被俘后，伤心欲绝，日夜号哭，每时每刻都盼着丈夫回来。她虽为皇后，但是丈夫不在，一个人也是孤苦无依的。钱皇后常常在睡梦中梦到英宗，一次她梦中惊醒，不慎跌下了床，结果股骨折断以致伤残。因为终日以泪洗面，她又哭瞎了一只眼睛。

　　第二年，英宗被放了回来，但此时英宗的弟弟已经坐稳了皇帝，所以英宗被幽居在了南宫。在南宫里，只有钱皇后一个人照

顾英宗，生活极其艰苦，钱皇后甚至要亲自缝补衣裳。但钱皇后对此毫无怨言，只要丈夫在身边，生活再清苦，她都十分开心。英宗也没有多大的野心，安心和钱皇后在深宫过着贫贱夫妻的生活，也算自在。

后来曹吉祥和石亨发动政变，又将英宗扶上了皇位。可惜历经了8年的幽禁生活，英宗登位不久便驾崩。在去世时，他还想着钱皇后没有生育会孤单，于是命令太子要像孝顺自己的母亲一样孝顺钱皇后。他还下诏规定太子即位后，太子的母亲周贵妃和钱皇后同时为太后，等到钱皇后死后，一定要和自己葬在一起。

在人们眼里，帝王都难得有真挚的爱情，而后宫里也不太可能有单纯的情感。后宫和皇室从来都是充满争斗和杀戮的，这的确不假。可是，明英宗和钱皇后之间的患难真情，如盛开的莲花，"出淤泥而不染，濯清涟而不妖"。他们在顺境和逆境中都能相濡以沫，不离不弃，值得后人称颂。

原文

相见易得好，久住难为人。
马行无力皆因瘦，人不风流只为贫。
饶人不是痴汉，痴汉不会饶人。
是亲不是亲，非亲却是亲。
美不美，乡中水；
亲不亲，故乡人。

释文

　　人与人之间，一两次接触可能关系会很好，但是长久在一起就难免会有摩擦和矛盾了。

　　马跑起来没有力气是因为太瘦了，人不能扬眉吐气是因为贫困。有时候客观的物质原因对一个人会产生很大的影响。

待人宽厚的人是通晓事理的人，不谙世事的人是不会宽以待人的。

有时候是亲人不当做亲人待，不是亲人却当做亲人看。人生就是这么复杂多变，让人捉摸不透。

不论甘甜与否，家乡的水都是好喝的；不论彼此的关系亲近与否，只要是来自故乡的人，都会令人感到亲切。

历史故事

李白作《静夜思》

一个人对于故乡总有一种特殊的情感，尤其是身在他乡的游子，不论贫富贵贱，只要想到家乡的明月，心头总会涌上一丝乡愁。由此，在中国文学史上出现了无数思乡的文学作品，表达了文人心头的乡愁，其中李白的《静夜思》为其中之一。

李白是我国著名的浪漫主义大诗人。他才华横溢，胸怀大志，又生性放荡不羁，在年轻的时候就离开家乡去追求自己的理想了。几年的颠沛流离之后，经历了生活的磨炼，现实多少和李白想象中的有些差距，理想看起来也还是那么遥远。一个人的时候，李白经常会想起那个他出发的地方——他的家乡。

726年农历九月十五，26岁的李白住在当时的扬州旅舍。秋夜寒冷，李白夜里被冻醒，看到屋内被外面的明月洒下一地的月光，四周就自己一人。在这样清冷的夜里，李白内心的孤独完全被勾了起来，随笔写下了《静夜思》：

床前明月光，疑是地上霜。

举头望明月，低头思故乡。

诗的前两句，是写诗人在客居他乡的特定环境中产生的错觉。一个人在外，白天忙碌奔波，或许可以忘了乡愁，但到了夜深人静的时候，心头难免泛起阵阵思念故乡的波澜，更何况是在

月色如霜的秋夜。诗的后两句，诗人已经清醒。他翘首凝望着月亮，不禁想起他的故乡此时此刻也在这轮明月的照耀下。那家乡的一山一水、一草一木，那逝去的年华和往事，无不在思念当中。

真情实感造就了《静夜思》，使之流传千古。古往今来，游子们读起这首诗，内心总有诸多共鸣，思念家乡，不禁潸然泪下。故乡，是一个人的根，是每个人都无法割舍的。

原文

莺花犹怕春光老，岂可教人枉度春？
相逢不饮空归去，洞口桃花也笑人。
红粉佳人休使老，风流浪子莫教贫。

释文

莺花最怕春光流逝，我们又怎么可以白白浪费大好时光呢？
老朋友重逢如果不喝酒，那恐怕连洞口的桃花也会笑话的。

漂亮的美人不能让她过早衰老，而风流的才子也不要让他受贫穷的折磨。光阴易逝，请珍惜时间。

囊萤映雪

大圣人孔子面对奔流不息的河水曾经感慨地说："逝者如斯夫，不舍昼夜。"的确，时间都每分每秒都在流逝，但时间又是无穷无尽的。不过对于每个人来说，时间是有限的。如果这世界上还有一样东西是公平的话，那就是时间了。不论你贫穷还是富有，不论是显贵还是平民，每个人在时间面前都是平等的。

每个人的生命都是有限的，而青春的大好光阴更是短暂的。所以要倍加珍惜，不能荒废光阴。有些人把时间用在了吃喝玩乐上，一辈子浑浑噩噩；有些人争分夺秒地学习，死后留名。有人问鲁迅先生为什么会有那么多的作品问世，鲁迅先生只是淡淡地说："我只是把别人喝咖啡聊天的时间用在了写作上而已。"

在我国东晋时期，有两个珍惜时间努力学习的例子。车胤从小好学，但家境贫苦，上不起学。为了维持温饱，他白天还要干活，晚上也没有钱买灯油看书。为此，他只能白天抽空背诵诗文，晚上默背。在一个夏天的晚上，车胤发现夜空中有很多萤火虫在飞舞，那萤火虫发出星星点点的亮光，在黑暗中显得很耀眼。车胤心想，如果把这些亮点聚集起来，不就成为一盏灯了吗？于是他找了一个白绢口袋，抓了几十只萤火虫放在里面，再扎住袋口，把它吊起来，虽然不明亮，却勉强可以看书了。为此，车胤非常开心。

孙康也和车胤一样，没有钱买灯油看书，所以他经常为浪费晚上的时间而觉得可惜。在一个寒冬的夜里，孙康睡不着，忽然发现外面很亮，走出门一看，原来是大雪映出来的雪光，比屋里亮得多。于是孙康顾不得寒冷，披着衣服，拿起书坐在雪地上看

增广贤文

起来。

正是靠着这种勤学苦读的精神，车胤和孙康最后都学有所成，成为当时有名的人物。

唐朝书法家颜真卿曾经写过"三更灯火五更鸡，正是男儿读书时。黑发不知勤学早，白首方悔读书迟"的诗句。而大英雄岳飞也告诫后人"莫等闲，白了少年头，空悲切"。青少年正值花朵初开的时期，大好的学习时间一定要好好珍惜。

原文

在家不会迎宾客，出门方知少主人。
黄金无假，阿魏无真。
客来主不顾，应恐是痴人。

在家里不会招待客人，等到出门到别人家做客接受别人的招待后，一对比才会发现自己当初失礼的地方，没有很好地尽到地主之谊。

黄金虽然贵重，但是特征明显，几乎人人认识，所以很难作假。阿魏则是稀有药材，一般人根本不认识，所以容易作假。

主人见客人来了不去打招呼，恐怕这是个愚笨不识大体的人。

历史故事

周公吐哺，天下归心

周公是周文王的儿子，周武王的弟弟，周成王的叔叔，他为周王朝的建立和巩固作出了不朽的贡献。周公之所以有这样的成就，一方面与他出众的个人才能有关，另一方面，他求贤若渴，待客有道，有人拜访，必亲自迎送，得到了天下有识之士的心，众人都愿意为他效劳。

当时，周公贵为辅国重臣，可以说是日理万机，每天都非常劳累，而那些贫寒的士人又常常去拜访他，但周公从来不推脱。相传在他洗澡的时候如果有人来拜访，周公会立刻扎起头发去接待；在他吃饭的时候如果有人来拜访，他会立刻吐掉嘴里的东西，前去迎接。他生怕失了礼节，伤了客人的心，而使国家失去栋梁之材。周公爱才、惜才，礼节到位，天下归心是理所当然的，这也造就了周朝早期的辉煌。

"周公吐哺，天下归心"出自三国政治家、文学家曹操的《短歌行》，表达了曹操自己求贤若渴之心。而现实里的曹操也的确是个爱才之人，他身边的很多谋臣良将都是归降而来的，如张辽本为吕布的手下，徐晃原为杨奉的下属，而关羽被迫投降

增广贤文

后，曹操知道留不住关羽，却照样以礼相待，留下了爱才的美名。

官渡之战时，曹操本来处于劣势，情势危急，后来袁绍的谋士许攸来投靠他。曹操听说许攸来投靠，兴奋急了，连鞋都来不及穿就立刻起身出门去迎接许攸。许攸来投靠曹操本来只是无奈之举，但他见到曹操如此重视自己，相比在袁绍那里受到的冷落，内心十分感慨，于是为曹操献出了破袁绍的良计。官渡之战，曹操以少胜多，击败袁绍，使得实力大增，这都与许攸密切相关。

待人接物是一种礼节，也是对人的一种尊重，有时候你的一个小动作、一句关切的话或许就能够打动别人，获得极大的收获。而一时的冷漠，也很可能会挫伤别人的心。

原文

贫居闹市无人问，富在深山有远亲。

谁人背后无人说，哪个人前不说人。

有钱道真语，无钱语不真。

不信但看筵中酒，杯杯先劝有钱人。

闹里有钱，静处安身。

来如风雨，去似微尘。

释文

　　贫穷的人就算居住在闹市区也无人理睬，而富有的人即使居住在深山，也会有人来认亲戚，攀关系。

　　哪个人背后不被别人说，又有哪个人不在别人面前议论人呢？活在世上的人难免都会被人所议论，凡事无愧于心就好。

　　有钱人就算说假话别人也会当真，而穷人就算说真话也会有人怀疑。如果不信世上有这么势利的人，那就去酒桌上看看吧，人人都是向有钱有身份的人敬酒。

　　闹市是赚钱的地方，而安静的地方才是休养居住的地方。来的时候像风雨一样轰轰烈烈，但是离开的时候（死亡）就像细微的灰尘一样，没有任何动静。

历史故事

前倨后恭与溜须拍马

　　苏秦是战国时期的纵横家，他年轻的时候周游列国，向各国君主阐述自己的政治主张，但是没有一个国君赏识他。用光了盘缠的苏秦只好穿着旧衣破鞋垂头丧气地回到家乡洛阳。家里人见他如此落魄，都说他不务正业，不给他好脸色看。苏秦的嫂子不但不给他做饭，还狠狠地训斥了他一顿。

　　这大大刺激了苏秦，从此他发愤苦读，晚上读书时一旦发困，他就用锥子刺自己的大腿，以此来提醒督促自己。一年后，苏秦认真分析了当时的政治形势，再次周游列国，说服了齐、

增广贤文

楚、燕、韩、赵、魏六国联合对抗秦国，并被封为"纵约长"，做了六国的丞相。

苏秦衣锦还乡，他的亲人对他的态度发生了180度大转弯，见了他就恭恭敬敬地跪拜。苏秦的嫂子更是谦卑，趴在地上匍匐着向苏秦行礼。苏秦问嫂子："为何你先前那么傲慢，现在又这么恭敬呢？"其实这是讽刺，聪明绝顶的苏秦哪能不知道世间的人情冷暖，连亲人也都是势利眼。

北宋名相寇准曾与监察丁谓一起工作，他俩经常一起用工作餐。丁谓为了巴结寇准，每次寇准喝汤沾到了胡须，丁谓就亲自给寇准擦拭。寇准笑着说："你身为国家大臣，怎么可以亲自给长官擦胡须呢？"丁谓又气又恼，从此对寇准怀恨在心，后来他也是迫害寇准的罪魁祸首。

蒙古是马上得到天下的，所以元朝的官员多是武将出身，下级要赞美上级，就是夸他的马好。马成了一个人权力、身份、地位的象征，因此夸马好就是夸人好。所以元朝的时候，下级见了上司，都要对上司的马夸赞几句，称之为"拍马"。

人都会有各自现实的考虑，这是可以理解的，但不让自己沾染势利眼的风气，这是应该做到的。

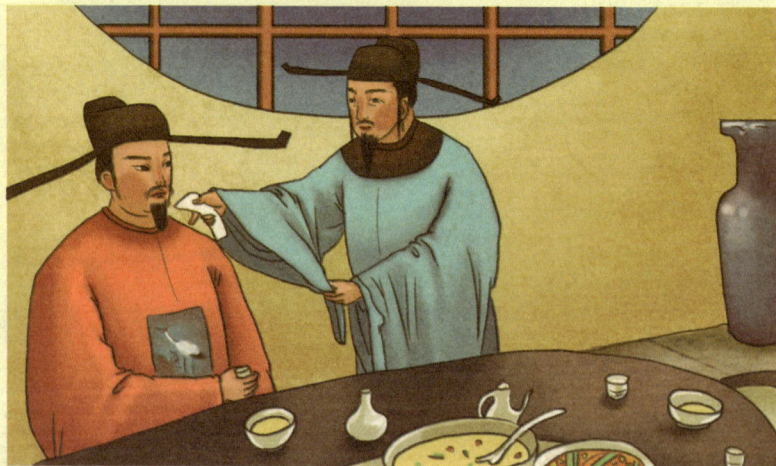

小学生国学文库

长江后浪推前浪，世上新人赶旧人。
近水楼台先得月，向阳花木早逢春。
古人不见今时月，今月曾经照古人。

释文

　　长江里的水，后浪推着前浪往前翻滚，世上的人也一样，年轻人不断学习新事物，很快就会超过老一辈的人了。

　　靠近水边的楼台能先照到月亮，向阳的花木能最早感受到春天的降临。也就是说，最靠近目标的人往往能获得比较优势的地位，因为机会是给那些有准备的人的。

　　过去的人看不到今天的月亮，而今天的月亮却曾经照耀过过去的人。

历史故事

甘罗少年成名

　　甘罗是战国时期著名的少年政治家，他12岁就开始在政治舞台上展现自己的才智和魅力。他的成绩，让许多年长者很难望其项背，也让我们看到年龄从来不是成功的阻碍。同时让人更有"江山代有才人出，各领风骚数百年"的感慨。

　　甘罗是楚国人，从小就聪明过人。他的祖父甘茂也是一位风云人物，曾担任过秦国的左丞相，后来受到排挤，被迫逃离秦国，不久死于魏国。甘罗小小年纪，就投奔到秦国丞相吕不韦的门下，做了他的门客。

　　当时，秦国企图联合燕国攻打赵国，打算派大臣张唐出使燕国，张唐却借故推辞，身为丞相的吕不韦对此也无计可施。甘

增广贤文

31

罗知道后自告奋勇，愿去劝说张唐出使燕国。吕不韦看他年纪轻轻，不大信任他。甘罗理直气壮地说："从前项橐（tuó）7岁就做了孔子的老师。而我今年已经12岁了，你就不能让我试一试吗？"吕不韦反正一筹莫展，就答应了他的请求。

甘罗见到了张唐，说："当年武安君白起因为不服从应侯范雎的命令去攻打赵国，结果被撵出咸阳，客死他乡。而现在文信侯（吕不韦）的权力远远大于当年的应侯，你违抗他的命令，看来你的死期不远了。"一席话把张唐吓得半死，马上乖乖答应出使燕国。

接着，甘罗又征得吕不韦的同意，按照秦国扩大河间郡的意图去赵国游说。他针对赵王害怕秦国和燕国联盟对自己不利的心理，对赵王说："秦国和燕国结盟，无非是想得到赵国的河间地区。如果您愿意把河间五城割让给秦国，我可以劝秦王不要与燕国联盟。到时你可以攻打燕国，秦国决不干涉，到那时赵国得到的又何止是五城呢。"赵王大喜，答应把河间五城割让给秦国。甘罗只凭几句话，不费一兵一卒就使秦国得到了河间之地，一时名声大震。秦王就封12岁的甘罗为上卿，将当年封给他祖父甘茂的封地赏给了他。

有志不在年高，只要有一颗追求的心，成功自然会降临。

为人处世小贴士（一）

1. 尊重古代文化，学习前辈知识

中华民族有上下五千年的辉煌文化，祖先给我们留下了丰富的文化宝藏，他们的思想闪耀着智慧的火花，照耀着后人前进的路。当今的我们应该尊重和学习前人留下的文化遗产，汲取其中丰富的文化营养，以传统国学思想来规范自己的行为。古人的思想都是他们在生活中总结出来的经验，对我们为人处世有所帮助。

2. 士为知己者死，女为悦己者容

所谓知音，就是真正懂你的人，他欣赏你的才华，明白你的志向，理解你的苦恼，但这样的人是极其难得的。

古今的伟人有着过人的才华和新奇思想，就因为不同于常人，所以他们总是很孤独，甚至为人厌恶鄙夷，他们需要一个真正懂他们的人。一首好听的曲子，对牛弹奏没有半点意义，而知音却能从中听出你心灵的呼声。如果你有一个总是能猜透你的心思，理解你的奇思妙想，鼓励你努力向前的好朋友，一定要好好珍惜。

3. 做人要厚道，不然要挨刀

与人相处，必须讲究一个"诚"字，待人以诚，才能收获别人的善意和友谊。对于朋友，更是要坦诚相待，不可欺骗，更不能背叛，否则就不能称为朋友。即使是在特殊情况下，也不能失去诚信，否则只会落得个众叛亲离、人人喊打的下场。

一、你来选

1.下列说法错误的是（　　）。

　　A.《资治通鉴》是北宋司马光所编纂，是我国最大的一部编年体史书。

　　B.晁盖、宋江、柴进三人都是《水浒传》里重仁义的大英雄。

　　C.《静夜思》是唐朝大诗人李白因思念家乡所作。

　　D.三国时期的吕布是一个忠于主公的大英雄。

2.下列人物和成语对应不恰当的是（　　）。

　　A.宋江——仗义疏财

　　B.俞伯牙、钟子期——高山流水

　　C.丁谓——溜须拍马

　　D.甘罗——大器晚成

二、你来答

1.俞伯牙在钟子期死后亲手摔掉自己的琴，发誓今生今世不再鼓琴，你觉得他的做法值得吗？

2.吕布在乱世中为了生存，为了追求富贵而多次出卖他人，最终使得曹操不敢用他，落得个被处死的下场。从中你能得到什么感悟？

先到为君，后到为臣。
莫道君行早，更有早行人。
莫信直中直，须防仁不仁。
山中有直树，世上无直人。
自恨枝无叶，莫怨太阳偏。
大家都是命，半点不由人。

释文

凡事都要讲究先来后到，先到的为主，后到的为客。

不要说你来得早，有人比你来得更早。

不要太相信什么正直无私，对任何人都要提高警惕。害人之心不可有，防人之心不可无，世上虚有其表的人太多了。

世间的树有直的，而世上的人却没有直的。

自己要先看看自己有没有毛病，不要一味地强调他人的影响。

每个人的一切都是命注定的，自己没有办法。这句话宣传天命思想。

历史故事

隋炀帝弑父

隋炀帝是我国历史上有名的暴君，是隋朝的第二代皇帝。他在位期间，虽然有一定的成就，但他穷兵黩武，轻傲自负，对百姓征收苛捐杂税，致使民不聊生。而隋炀帝登上帝位的道路更是充满血腥，也暴露了他的无耻与虚伪。

隋炀帝名叫杨广，是隋文帝杨坚的第二个儿子，他还有一个哥哥和三个弟弟。杨广的哥哥杨勇起初被立为太子，所以杨广时刻都想除掉他，扫除登基障碍。

为了实现做太子的野心，杨广竭力把自己伪装起来。而太子杨勇却没有这样的心机，他明明知道父亲杨坚喜欢节俭，却仍然奢侈浪费；明明知道母亲独孤皇后痛恨男人姬妾成群，他还要张扬地寻欢作乐。不但如此，杨勇还冷落了母亲精心为他挑选的妻子元氏，这让父母都对他很不满。加上杨勇又接受百官超过礼节的朝贺，使得杨坚心里有了废掉太子的想法。

而杨广虽然也好色，也喜欢铺张，但是他为了讨好父母便伪装起来，从不表现出来。他知道父母很节俭，也装得很简朴，住在陋室，吃的是粗茶淡饭，穿的是麻布衣服。每次父母到来前，他都事先将美丽的姬妾藏起来，和正妻萧氏一同去迎接。这都很得杨坚和独孤皇后的欢心。

之后，杨广开始加害哥哥杨勇。他向母亲哭诉杨勇要谋害他。母亲平时就对杨勇印象不好，这下更深信不疑了。后来杨广

又拉拢了大臣杨素支持自己，最终隋文帝废掉了太子杨勇。之后他又编造罪名，陷害弟弟杨秀，将杨秀贬为庶人。

后来隋文帝杨坚病倒，独孤皇后也去世了。杨广以为这下高枕无忧了，狐狸尾巴就露出来了。他调戏父亲的妃子宣华夫人，杨坚发现后知道自己错信杨广了，要找杨勇来传位给他。杨广得知后一不做二不休，居然心狠手辣地杀死了自己的亲生父亲。之后他又假传诏书杀了杨勇，登上了梦寐以求的皇位。

所谓知人知面不知心，世上虚伪的人太多了。很多人都是表面君子，背地小人，所以我们识人时要注意，不可完全信任别人受骗受害。当然，我们自己更不能做那样的人。

原文

一年之计在于春，一日之计在于寅。
一家之计在于和，一生之计在于勤。
责人之心责己，恕己之心恕人。
守口如瓶，防意如城。
宁可人负我，切莫我负人。
再三须慎意，第一莫欺心。

释文

一年之中，最好的时光是在春天；一天之中最好的时间是在早晨。

一家子最重要的是要和睦相处；人这一生，勤劳会使自己受益无穷。

用责备别人的态度责备自己，严格要求自己。用原谅自己的宽容心来宽容别人。

如果嘴严了，一切都会有保障了。宁可他人辜负我，我也不会去对不起他人。

再三需要注意的是：不要欺骗自己，要对得起自己的良心。

六尺巷

孔子的弟子子贡曾经问孔子："有没有一个字，可以作为终身奉行的原则呢？"孔子思索良久，说："那大概就是'恕'字吧。"的确，人生在世，只有短短几十年，谁与谁都没有深仇大恨，有时候一个小误会可能会带来无尽的灾难，而彼此宽容则会营造出一片祥和的蓝天。

清朝康熙年间，安徽桐城人张英在京城做官，官至文华殿大学士兼礼部尚书。他老家的邻居是桐城的另一个大户，与张英同朝为官的叶侍郎。两户人家因为院墙发生了纠纷，双方争执不下，张老夫人便写信给张英，让他出面解决。张英接到信之后又好气又好笑，就回了一首打油诗给老夫人："千里家书只为墙，让人三尺又何妨？万里长城今犹在，不见当年秦始皇。"意思是说你千里迢迢写了信送过来，就为两家院墙相争这样的小事，实在是不值得。就算让他三尺又能怎么样呢，不过是巴掌大的小地方，何必与人争执，伤了和气呢？万里长城至今仍在，而当年下令修筑它的秦始皇呢，早已不在了，做人又何必太在意一时的得失呢。

张老夫人收到张英的回信后觉得十分有理，立即命令家丁将院墙后退三尺，作出让步。而叶家的人知道后，既惭愧又感动，也命家人将院墙后移三尺。从此张、叶两家消除隔阂，成了好邻居。而总共让出来的六尺的地方成了一条巷子，被称为"六尺巷"，一时传为美谈。

假使张英收到家里的信后，不肯退让，甚至动用权力，那叶家必定反击，如此一争斗，后果不堪设想。而张家的主动退让也唤醒了叶家的良知。如此一来，和气顿生，彼此都没有损失，反而增进了感情，实在是最好的解决方法。

原文

虎生犹可近，人熟不堪亲。
来说是非者，便是是非人。
远水难救近火，远亲不如近邻。
有茶有酒多兄弟，急难何曾见一人。
人情似纸张张薄，世事如棋局局新。

释文

与没见过的老虎还可以亲近，可是与很熟悉的人却不能太过靠近。

四处传播是非的人，就是是非发生的罪魁祸首。

远处的水救不了近处的火灾，再好的亲戚也不如近处的邻居有用。

有茶有酒，有身份有钱财的时候，身边总是会围绕着众多所谓的兄弟，危难的时候却见不到一个人了。人情就像纸一样脆薄，世上的事就如棋局一样变化万千。

戏剧中的人情冷暖

艺术作品多是现实生活的反映，所以能引起人们的共鸣。江淮地区的许多戏剧都以人情冷暖、世态炎凉为主题，表现底层平民的生活现状，所以流传很广，广受赞誉，深受大众的喜爱。因为嫌贫爱富、喜新厌旧是人的劣根性，几千年来都是如此，为此演出了太多荒唐可笑的故事。

《珍珠塔》是越剧的经典剧目，是描写人情百态的绝佳代表。主人公方子文是河南人，本是官宦之家，后来家道中落，与母亲相依为命。他的姑父原是御史，后退隐在家。姑父的生日就要到了，方子文母亲让他前去祝寿，顺便求得资助。可是当方子文的姑母见到侄子衣衫褴褛，再得知家已破败的消息后，态度极其傲慢和不屑，对方子文大加讽刺和轻贱。方子文本想拂袖而去，但想起母亲的嘱咐，忍辱提出借钱之事，自然又被姑母一口拒绝。

在这段情节中，方子文姑母的势利被表现得淋漓尽致，对于困顿的方子文，她极尽讽刺之能事。唱词中有一大段的排比，称

方子文将来如果能当大官，铁树都会开花，江水都会倒流，太阳都会从西边出来。这样的场景确实让人感到心酸、心寒。

方子文是个有骨气的人，在一系列好心人的帮助下，他得中状元，被任命为七省巡按。当了大官的方子文并没有立即到姑母家炫耀，而是装成穷书生又到了姑母家，作歌戏弄姑母。这一段称为《方卿羞姑》，对于刻薄势利小人的讽刺入骨三分，动人心魄，是全剧的高潮，多少年来盛演不衰。

而当姑母得知方子文已经为官的消息后，态度又是大转变，小人之相表露无遗。可是对于这样的小人，人们也是无可奈何，最多苦笑、苦叹一声。我们能做的就是要学会识人、察人，多交知心朋友，莫交势利小人。

原文

山中也有千年树，世上难逢百岁人。
力微休负重，言轻莫劝人。
无钱休入众，遭难莫寻亲。
平生莫作皱眉事，世上应无切齿人。

释文

生长千年的老树在深山之中是有的，而百岁以上的老人在世上的却是不多见的。力气小的人就不要去承担太大的重量，而说话不被人所重视的人还是不要去劝解别人的好，因为劝他是没有效果的。

没有钱就不要在人多的场合活动，境遇不好的时候也不要去寻亲访友。世上的人多是势利的，何必去受别人的白眼呢。

一辈子不做对不起别人的亏心事，世上就不会有恨自己的人。凡事无愧于心，身正不怕影子斜。

量力而行

俗话说"人贵有自知之明"，说的就是人一定要清楚地认识自己，凡事量力而行。有些时候，执著确实是一个人优秀的品质，是成功必备的条件，但是如果一味地在一条几乎不可能的路上坚持，恐怕坚持再久也是徒劳。凡事要讲究实际，根据自身以及客观的条件谨慎行事。

老鹰从很高的岩石上向下俯冲，用它的利爪抓住了小绵羊，姿势刚劲有力，潇洒至极。一旁的穴鸟看见了很是羡慕，心想自己一定可以比老鹰强。于是，穴鸟模仿老鹰的姿势去抓羊。不料自己的爪子却被绵羊弯曲的毛缠绕住了，拔不出来。牧羊人发现了，就跑过去把穴鸟的脚爪尖剪掉，然后抓回去给孩子们玩耍。穴鸟自以为自己可以像老鹰那样，结果羊没抓到，还从此失去了自由。

一位武林大师隐居在深山里，许多人慕名前去拜师学艺。到达深山的时候，他们发现大师正在挑水。他挑得不多，两只水桶都没有装满。人们很是不解，大师说："挑水不在于挑得多，而在于挑得够用。如果一味要求多，只会挑一半，一路洒一半，反而是浪费体力。"大师接着说，"你们看这个桶，我原先划了一条线，就是提醒自己每次装水不要超过这个底线，否则就超过了自己的能力和需求了。凡事要尽力而为，也要量力而行。"

做自己能做的事，这样才会成功，世上的事从来都不是光有意志就行的。一味靠精神上的执著，不但不会成功，还有可能酿成灾难。

为人处世小贴士（二）

1. 三分天注定，七分靠打拼

这个世上从来就没有绝对的事，也没有所谓的天，每个人的命运都不是固定的，而是掌握在自己手里。相信算命人的鬼话，还不如把时间用在奋斗上。

2. 世上总有真善美，心中应长存希望

有些时候社会真的很残酷，做事不能成功，遇不到知音，甚至还会遇到小人。小人们造谣生事，阴险狡诈，的确可恶。可是我们不能因为小人的存在就对整个社会失望。世间自有正义，公道自在人心。

3. 珍惜时间，及时奋斗

世上的确存在着许多不公平的事，可有一样是绝对公平的，那就是时间。时间对于每个人都是平等的，每个人都会死，每个人的生命都是有限的。我们应该珍惜每分每秒，为自己的理想而扎实努力，不要在生命将要结束的时候后悔莫及。

4. 忍一时风平浪静，退一步海阔天空

生活在复杂的社会里难免会与人产生矛盾，只要对方不是恶意侵犯，我们都应该抱着宽容的态度去对待。你和气待人，别人不可能还咄咄相逼，大家都退让一步，矛盾自会化解。若是双方都把责任推给对方，互不相让，那么小小的矛盾很可能引发大的纠纷。

一、你来选

1.下列说法错误的是（ 　　　）。

 A.隋炀帝是中国历史上有名的暴君，靠玩弄手段登上皇位。

 B.清朝康熙年间的张英凭借自己的官位强行命邻居的院墙后退三尺。

 C.方子文是越剧经典剧目《珍珠塔》中的人物。

 D.方子文受了姑母的羞辱后发愤图强，终于当上了大官，用事实讽刺了那些势利小人。

二、你来答

1.“山中有直树，世上无直人”是说世界上没有正直的人，你觉得这话正确吗？你有遇到过真正正直的好人吗？

2.古代人常说万事自有天定，一切冥冥中自有安排，你觉得这种说法合理吗？你信命运吗？如果算命的说你将来成不了大事，你会怎么办？

士者国之宝，儒为席上珍。
若要断酒法，醒眼看醉人。
求人须求大丈夫，济人须济急时无。
渴时一滴如甘露，醉后添杯不如无。
久住令人贱，频来亲也疏。

释文

　　读书人是国家的宝贝，懂得礼仪的儒者是国家的栋梁，是应该受到尊敬的人。

　　要想知道戒酒的方法，在清醒的时候看看喝醉的人是怎样一副丑态就好了，就不会再想着喝酒了。

　　求人就要求真正的大丈夫、大豪杰，接济人要接济那些急需的，在危难中没有办法的人。人很渴的时候，哪怕送上一滴水都像送甘露一般；人喝醉了，你再添一杯，那还不如不添。

　　长久在人家家里居住就会被人家嫌弃，如果太过频繁地走动，连亲戚都会疏远。

历史故事

结绳报恩

　　这个世界上恐怕没有人敢说自己一辈子都不会有求于人，人只要在这个世界上，就会有风光的时候，也会有困窘的时候。风光的时候依附你的人都不是可靠的，只有那些在你遇难时候伸出援手的，才是最可信的。有些时候，对自己来说或许是举手之劳的小事，而对于别人来说却是比天还大的重要事。滴水的恩情，别人涌泉相报，这就是上天对于善良者的馈赠。

增广贤文

春秋时期，公元前594年，秦桓公派大将杜回出兵攻打晋国，两军在晋国的辅氏（今陕西大荔）交战。晋国的将领魏颗与秦国的将领杜回相遇，两人立刻厮杀在一起，杀得难分难解。正在此时，魏颗突然见到一个老者用草绳套住了杜回，使得这位堂堂的秦国大力士站立不稳，摔倒在地，当场被魏颗所俘虏。魏颗也因此取得这场战斗的最后胜利。

晋军获胜收兵后，当天夜里，魏颗在梦中见到了那位白天为他结绳绊倒杜回的老人。老人说："从前你把一位女子嫁走而不给你父亲陪葬，我便是那位女子的父亲。今天我这样做是为了报答你的大恩大德。"

原来，魏颗的父亲魏武子有位没有儿子的爱妾，平时十分受宠。魏武子病重时，对儿子魏颗说："我死后，一定要让她为我殉葬。"等到魏武子死后，魏颗并没有让那位爱妾陪葬，而是把她改嫁给了别人。魏颗说："人在病重的时候往往会神志不清，我只遵从父亲神志清醒时的吩咐。"

当然，我们做好事不能抱着求得别人报答的心，那样是不

纯粹的。善良要从点滴做起，正如三国时期蜀国皇帝刘备说的，"勿以善小而不为，勿以恶小而为之"。

原文

酒中不语真君子，财上分明大丈夫。
出家如初，成佛有余。
积金千两，不如明解经书。
养子不教如养驴，养女不教如养猪。
有田不耕仓廪虚，有书不读子孙愚。
仓廪虚而岁月乏，子孙愚兮礼义疏。
同君一席话，胜读十年书。

释文

喝酒时不说话的人是真正的君子，在财物问题上能够公正分明的是光明磊落的大丈夫。心境像出家人那样真心真意，又何必成佛，做什么事都会有成就的。

积有黄金上千两，还不如通晓"四书五经"。养了儿子如果不教育，就像养了一头蠢驴；养女儿不教育就像养了一头猪。有田不去耕作，仓库就会空虚；有书不去读，子孙就会愚笨。仓库空虚，日子就会过得艰难；子孙愚笨，就会疏于礼仪道德。

同贤明的君子交谈，说上一席话，受益胜过读十年的书。

历史故事

康熙教育子孙

康熙是中国历史上有名的君主，他文治武功都颇有成就。而作为一个长辈，康熙在教育子女方面也是卓有成就的，所以清朝前期的君主都是有些作为的，并形成了"康乾盛世"的局面。

康熙一生共有35个儿子，20个女儿，孙子辈人数也有97个，这是个很大的家族。康熙教育子女的方式很多，主要是言传身教。他经常让孩子们跟他一起打猎，一起巡视，甚至作战的时候也把儿子们带在身边，想让儿子们在实践中有所收获。当然光靠这些是不够的，更要注重学校教育。

皇子、皇孙们读书的地方叫上书房。康熙把上书房设在了畅春园无逸斋，就是为了告诫子孙们不要贪玩，好逸恶劳。《康熙起居注》和其他的一些书籍里记载了皇子、皇孙们上学的具体情况：

寅时就是早上3点到5点，寅正时刻，也就是4点的时候，皇子们就要到无逸斋开始复习头一天的功课。可想而知，他们4点

就要到无逸斋书房，起床的时间当然是更早，可见辛苦。

　　5点到7点，老师来到课堂。老师们先给皇太子行跪拜的礼节，然后检查皇子们的功课，让皇子们背诵规定的文章。一字不错后接着背下面的一段。

　　7点至9点的时候，康熙下朝就来到无逸斋，这个时候皇子们已经学习了4个多小时了。皇子们首先到斋外迎接康熙。康熙落座后，亲自拿出书来随便点一段要求儿子们背书。大多的皇子们都会一字不错地背诵出来。即便如此，康熙还会要求老师不要过多地表扬皇子们，要多多批评，然后康熙就去处理政事了。

　　9点到11点，在夏天的时候已经很热了，但是皇子们读书的时候不许拿扇子，必须正襟危坐。这个时候是写字的时间，每个字要写100遍，还要练习书法。

　　11点到下午1点，是午饭的时间。侍卫们送上饭来，老师接了饭，然后到自己的座位上吃饭，皇子们则在另一旁吃饭。吃完饭不休息，继续前面的功课。

　　下午1点到3点，皇子们到无逸斋外面的一个院子里，这里有一个靶场。一来是可以休息一下，二来可以练习骑射和武艺。

　　下午3点到5点，康熙再次到无逸斋检查功课，皇子们排着队一个个背诵课文。

　　下午5点到7点，仍是到外面的靶场练习射箭，这时候康熙要皇子们一个个射给他看，再由老师指点，最后自己也会亲自射上几箭。功课完了就放学。

　　这样的学习日程在我们今天看起来也会觉得很累很苦，更何况这些学生都贵为皇子。值得注意的是，并不是一天这样，而是天天如此，不论寒暑，年幼的皇子们都要这样去学习。

　　康熙的儿子众多，而最后继承王位的只有一个人。但是有了这样的教育之后，他们即使不做皇帝，也没有一个纨绔子弟，没有一个为非作歹者。如皇三子胤祉就是位很杰出的科学家，他主持编修了《古今图书集成》，而有些皇子字画作得很好。这样的后代即使不在帝王家，也不会落于困顿的。

原文

人不通今古，马牛如襟裾。
茫茫四海人无数，哪个男儿是丈夫？
白酒酿成缘好客，黄金散尽为收书。
救人一命，胜造七级浮屠。

释文

人如果不读书，不懂礼仪和知识，那跟牛马穿上衣服没有什么两样。

四海之内，人海茫茫，又有几个人可以真正有所作为呢？

酿成白酒，是主人好客为了招待宾客；不惜散尽黄金，只是为了搜集书籍。

救人一条命，胜过修建一座七层的佛塔。

历史故事

黄雀衔环报恩

生命是可贵的，不管是人的生命，还是动物的生命。人作为世界的主导者有些时候的确可以主宰其他动物的生命，但是过度的杀戮只会受到大自然的报复。而如果保持一颗爱心，爱惜每一个生命，有些时候就会有不一样的收获。

"结草衔环"是指两个有名的报恩故事。"结草"的故事在上面已经讲过，而"衔环"的故事则和一只黄雀有关。

东汉名臣杨震的父亲杨宝9岁时，在华阴山上看见一只黄雀被老鹰所伤，坠落在地上，又被蝼蚁所围困，性命危在旦夕。杨宝可怜这只黄雀，就把它带回家细心照料。他把黄雀放在箱子里，精心喂养、照顾。100天之后，黄雀羽毛丰满，大病痊愈，就飞走了。

当天夜里，有一个黄衣童子来到杨宝家中拜谢说："我本是西王母的使者，不幸落难，被仁爱的您所救，实在是感激不尽。"说完，黄衣童子送给杨宝4枚玉环，并对杨宝说："它可保佑你的子孙位列三公，为政清廉，处世行事就像这玉环一样洁白无瑕。"

果然如黄衣童子所说的那样，杨宝的儿子杨震、孙子杨秉、曾孙杨赐、玄孙杨彪都做了高官，位列三公，官至太尉，而且都刚正不阿，为政清廉，他们的美名被后人广为流传。

假使杨宝当初看见受伤的黄雀却不屑一顾，如何会有杨家后来的辉煌呢？对杨宝来说，照顾一只黄雀只是举手之劳，却给家

族带来了无尽的福音。当然，这只是传说，却歌颂了人类的美好品德，那就是珍爱生命，知恩图报。

城门失火，殃及池鱼。
庭前生瑞草，好事不如无。
欲求生富贵，须下死功夫。
百年成之不足，一旦败之有余。

释文

城门失火，只能用护城河里的水救火，水被用尽，鱼也会受牵连干渴致死。

庭前长吉祥的草，愚蠢的人认为好事就会从天而降，就不去努力奋斗，这样的吉兆还是不要的好。想要求得富贵，是要下大力气的，任何人都不可能不劳而获。

经过多年的努力还不一定算得上真正的成功，但是一旦毁坏，那将是一败涂地。

历史故事

命运与现实

很多人非常相信命运，认为每个人的命都是早已注定的，只是自己不知道罢了。所以巫祝之流才会备受追捧。但这些人完全割裂了命运与现实的关系，他们不知道真正的命运是由自己一手缔造的。有些时候，所谓的未卜先知只是一个灾难。

从前，在一座深山中住着一对兄弟。哥哥淳朴憨厚，弟弟机智聪敏。兄弟二人每日打猎、砍柴，在屋边种上粮食、蔬菜，小日子过得相当不错。虽然不是大富大贵，但靠着双手努力来的稳定生活让兄弟俩心满意足。

一日，兄弟二人去集市赶集，被一个相士拉住。相士一见哥哥就立刻装作受了惊吓似的说道："你的命大凶啊，下半辈子恐怕要受难，搞不好会有血光之灾。我这有一个法子可以帮你……"哥哥听了只是一笑，他并不相信这些，转身就走。

弟弟却来了兴致，忙问相士自己的命运如何。相士奉承地说："你天生聪明过人，是个有福之人，一生可衣食无忧，安享富贵。"弟弟听他这么一说，立刻心花怒放，顿时感到轻飘飘的了，好像自己已经是个富豪了一样。

回到家后，弟弟每日念叨着相士的话，开心地笑着，也不再打猎、砍柴了。他总是说："我生来好命，一生富贵，干吗还要干活。"哥哥也劝不了他，一个人摇头叹气地出门劳动。哥哥的生活一如既往，没有任何改变，而弟弟的神志却有些不清了，总是糊里糊涂地傻笑着，眼神里充满了憧憬。由于长时间不劳动，他的身体也每况愈下。

在一个暴雨的夜晚，山上的泥石被冲了下来，哥哥一听见轰隆隆的声音立马就警惕起来，拉着弟弟要逃。可弟弟死活就是不肯走，他说自己还有下半辈子的福没享呢，不会就这么死的，用不着逃跑。哥哥无奈，只好一个人逃跑。

并没有太多的奇迹发生，弟弟被淹没了，没有任何生还的可能，现实把他的梦击得粉碎，或许在死的那一刻，他仍是浑噩的。自从听了相士的那番话起，他的一生就作废了。

这世界上哪有什么好命与坏命，不干活就得饿死，不穿衣就得冻死，什么都得靠自己，自己才是自己命运的主宰啊。

人心似铁，官法如炉。
善化不足，恶化有余。
水太清则无鱼，人太急则无智。
知者减半，省者全无。

即使人心如铁一般坚硬，也会在如炉的官法中熔化。积善不够，积恶有余的人必定会遭殃。

水如果太过清澈，就不会有鱼了；人如果脾气太急，就不会有智谋，做事不会冷静，事自然也做不好。

凡事不要太过地表现出来，聪明的人说话都会有所保留，只有愚笨的人才会无所顾忌。

诸葛亮挥泪斩马谡

马谡是三国时期蜀国著名将才。他少有才名，和兄长们并称为"马氏五常"。马谡精通兵法，诸葛亮对他非常器重，常和他通宵达旦地讨论军事，在军中也常常委以重任。可是马谡虽有才，为人却高傲自大，刚愎自用，最终因为失街亭抱憾而死。

根据《三国演义》记载，诸葛亮北伐，任马谡为先锋，镇守战略要地街亭。街亭十分关键，可见诸葛亮对马谡的信任，如果街亭失守，那么整个大军则会陷入险境，北伐也会无功。为此，诸葛亮让马谡立下军令状，如果街亭失守，就军法处置。

马谡到达街亭之后，没有按照诸葛亮的指令依山傍水部署兵力。他骄傲轻敌，将大军部署在远离水源的街亭山上。副将王平指出，街亭一无水源，二无粮道，如果被围，切断水源和粮草，军心将溃散，恐怕会不战而败。马谡不听，他认为居高临下，有利于进攻，而且兵法云"置之死地而后生"，他想以此绝境激励将士奋勇作战。

马谡的想法其实也有道理，却是纸上谈兵。当时，马谡军队先到街亭，完全有机会占据更好的防守位置，加固山寨，抵御魏军，那样的胜算是非常大的。但是马谡过于自信不想防守，一味想战，从而选择了最坏的地理位置。马谡和王平争论未果，王平自领一股兵力驻扎到了其他地方。

魏明帝得知马谡在街亭的布置，哈哈大笑，立即派大将张郃领兵5万进攻街亭。张郃所做也验证了王平所担忧的，魏军切断水源，掐断粮道，将马谡围困在山上，又纵火烧山。蜀军军心涣散，不久便溃败，魏军乘势进攻，蜀军大败。街亭之败乱了诸葛亮的整个北伐大局，连诸葛亮自己也是靠"空城计"侥幸逃回了蜀国。

按照军令状，马谡失职铸成大错，当斩首。当时很多人为马谡求情，认为马谡确是人才，杀了可惜，请求给他一戴罪立功的机会。诸葛亮本人也爱才，但他认为军法如山，不得不斩马谡。马谡临死前对诸葛亮说："丞相待我就像亲儿子一样，我敬重丞相就像敬重我父亲一样。这次我违抗军令导致兵败，军法难容，丞相将我斩首，是我罪有应得，我死而无怨。"诸葛亮听马谡这么说，更加悲痛，心如刀绞，百官也无不动容，可最终诸葛亮还是含泪下了将马谡斩首的命令。

马谡因为自大、不知变通而导致兵败，而诸葛亮大义斩爱将，严守军法，这故事给了我们无尽的启示。

为人处世小贴士（三）

1. 好钢用在刀刃上，救人要在危难时

乐于助人是一种良好的品德，可是帮助别人也要看时机，必须在别人真正需要帮助的时候出手。就像下雨的时候，别人已经穿了雨衣，你还给人家一把伞，那就是多此一举了。别人已经很饱了，你还送东西给别人吃，别人就不会感激你。雪中送炭，那送的才是温暖。别人渴的时候，你仅仅是递过去一杯白开水，别人照样会很感激。

2. 书籍是人类进步的阶梯

古人的知识和思想通常通过书本得以流传，后人通过读书学习知识，开启智慧的大门。一个人只有多读书才会不断进步，读书多了，人的气质自然就不一样了。不读书的人看上去就粗俗不堪，做的事、说的话往往会很可笑。

3. 吃得苦中苦，方为人上人

成功的道路从来都不是平坦的，要是人人都能随随便便获得成功，那么成功也不足为奇了。我们所知道的那些成功的人，无一不是付出过艰辛的努力，撒过奋斗的汗水和泪水。所以我们要努力向上，必须做好吃苦的准备，不怕人生路上的坎坷崎岖，以坚强的信念冲向胜利的彼岸，到时候你一定会觉得曾经吃过的苦都是值得的。

一、你来连

魏颗　　　　　挥泪斩杀爱将马谡

康熙　　　　　救助一只黄雀，后代成材

杨宝　　　　　放走原本要陪葬的父亲爱妾，战场上
　　　　　　　逃过一劫

诸葛亮　　　　贤明的皇帝，严格教导子孙

二、你来答

1. 你相信黄雀报恩的故事吗？你是为了得到别人的报恩才去做好事吗？

2. 康熙皇帝的子孙们都是皇族，他们生活条件优越，读书学习还是那样刻苦，一刻都不荒废，从中你有什么感想？

在家由父，出嫁从夫。
痴人畏妇，贤女敬夫。
是非终日有，不听自然无。
宁可正而不足，不可邪而有余。
宁可信其有，不可信其无。

释文

　　女孩子在家里要听从父亲的命令，出嫁了就要听丈夫的话，不要忤逆。只有没用的男人才会怕自己的老婆，贤明的老婆一定很尊敬自己的丈夫。（编者注：这在现在看来未免太过片面，带有封建思想色彩，对女性人格有扼杀，应该客观地去看待。）

　　俗世间的是是非非每天都会有，不去听自然什么都没有，不会受影响。宁可正派行事不够，也不去做邪恶的事。宁可相信他有，不可相信他没有。对事情要有准备，有信心。

历史故事

四大丑女

　　与四大美女相对应的，中国历史上也有四大丑女，她们分别是嫫母、钟离春、孟光和阮氏。历史记载她们并不是为了否定她们，也不是嘲笑她们的容貌，而是赞誉她们。因为她们虽然容貌丑陋，但是都贤良淑德，为后世女子的楷模。

　　相传嫫母形同夜叉，丑陋无比，但是她为人贤德，很有名声，黄帝娶她为妻，就是要给天下做个表率，不要以貌取人。嫫母虽然长得丑，但是黄帝对她信任有加，把管理后宫的责任交给她。在黄帝巡视天下的时候，黄帝的元妃螺祖病逝，是嫫母指挥祀事，监护灵柩，将事情做得井然有序。嫫母不但有非凡的能力，黄帝还授给她官位，利用她的相貌来驱邪。嫫母可以说是黄帝的贤内助，在黄帝打败炎帝和蚩尤的战争中，她都有功劳。

古代用"无盐"来形容丑女，而最著名的无盐女就是战国时期齐宣王的王后钟离春。史书记载钟离春40岁都没有出嫁，长得极其丑，额头凸出，眼睛深陷，鼻子上扬，身材肥胖，皮肤黝黑。齐宣王执政早期，政治腐败，国事昏暗，而齐宣王又性格暴烈，喜欢被人吹捧，所以满朝没有几个敢讲真话的人。钟离春虽然貌丑，但自幼饱读诗书，志向远大。她冒着被杀头的危险，来到都城临淄，见到齐宣王，高喊："危险啊，危险。"齐宣王问她为何这么说。钟离春上前陈述治国之策，亲贤臣，远小人，节约民力和武力，并提出齐宣王的四大错误。齐宣王恍然大悟，觉得非常有道理，于是他请求立钟离春为王后，以便辅佐和提醒自己。

"举案齐眉"这个成语故事现在常常用来称赞夫妻之间的平等和睦与敬爱。这个故事的主角就是孟光，而孟光的丈夫是东汉名士梁鸿。梁鸿很有学识，但不愿为官，隐居乡里，名声很大。很多大族都希望把女儿嫁给梁鸿，而梁鸿最后却选择了其貌不扬的孟光。和梁鸿结婚的第二天，孟光就脱去了新娘的绮罗衣服，换上了粗衣布衫，操持家务，十分贤惠，没有一点小姐的派头。梁鸿每天在富商门下做雇工，每当晚上拖着疲倦的身子回家时，

孟光已经为他做好了喷香可口的饭菜。孟光非常敬重丈夫，端饭的时候不敢直视，就半曲着身子将盛着饭菜的托盘举到眉前端给丈夫吃。后来，梁鸿闭门著书，生活依旧清贫，但夫妻二人和和睦睦，一时被人称颂。

三国时，魏国的许允娶了阮德慰的女儿为妻。洞房花烛之夜，许允发现阮家女儿相貌极丑，匆忙逃出，从此再也不肯进门。后来，许允的朋友桓范来访，他对许允说："阮家既然嫁丑女给你，必然有其原因，不如好好考察考察她。"许允深感有理便跨进了新房，但一见到妻子的容貌就又要往外溜，被妻子一把拽住。许允挣扎着说："妇有四德（妇德、妇言、妇容、妇工），你符合几条？"妻子说："我所缺的仅仅是容貌。而读书人有'百行'，你又符合几条呢？"许允说："我全都具备。"妻子说："百行德为首，你好色不好德，怎能说具备呢？"许允哑口无言，也暗自佩服她，从此夫妻相敬相爱，感情和谐。

许允受人诬告被抓，阮氏嘱咐他不要一味求情，要据理力争。家里人都十分担心许允的安危，而阮氏却煮好了小米粥等许允回来。许允见了魏明帝，要求考察他周围的人来证明自己的清白，最终被赦免。后来许允官至镇北将军，全家人都很高兴，阮氏却认为祸事才刚刚开始。果然，许允因为与夏侯玄走得比较近，而受到牵连被流放，最终在流放途中被杀死。

许允的门生想要把许允的两个儿子藏起来，阮氏却说不关儿子的事，若无其事地到许允墓旁居住。司马师派钟会打探，并嘱咐说要是许允的儿子有才干，就抓起来，如果是庸才就算了。两个儿子都很有才学，很害怕，阮氏教两个儿子敞开胸怀跟钟会谈，不要太悲伤，钟会不说话，也不说话，不要过问朝中的事。结果钟会如实禀告，这两个儿子才得以在乱世中幸免于难。

对于女性来说，美貌从来都不是最重要的，只要德才兼备，照样可以得到世人的尊敬。

竹篱茅舍风光好，道院僧堂终不如。
命里有时终须有，命里无时莫强求。
道院迎仙客，书堂隐相儒。
庭栽栖凤竹，池养化龙鱼。

释文

竹篱笆，茅草屋，这般田园风光是很好，恐怕连道观和寺庙都比不上它的清静。

命里有的东西自然会有，命里没有的东西也不必强求。

道院里经常出入的是神仙般的人物，而有宰相之才的人都隐居在书堂之中。高雅的主人会在庭院里栽上能供凤凰栖息的竹子，会在池水中养着能变成龙的鱼。

历史故事

陋室出高人

中国古代的文人从小接受儒家教育，都希望自己可以辅佐圣明的君主成就一番事业。但是，不可能每个人都能如愿，有一部分人成功，也总会有一部分人失落彷徨。失意的人这个时候就很容易受道家思想的影响。道家讲究的是超脱，即远离纷纷扰扰的俗事，追求自我的宁静，不能改变世界，但是可以改变自己。在政治黑暗的时期，会有大量不愿与世同流合污的人隐居起来，以一间陋室、一身破衣度日。这也渐渐形成一种隐士文化。隐士在人们心目中多是高深莫测的人物，多是有真才实学的，但同时也有不羁的性格，人们对于这样的人充满了崇敬和爱戴。

三国时期的风云人物诸葛亮就曾经隐居在南阳，远离尘世，

亲自耕作，过着普通人的生活。他的住所布置得清静淡雅，有桥有水有竹，后来这几乎成为大雅的象征。诸葛亮身在陋室，但胸怀天下，一见到刘备就提出了三分天下的宏伟计划，是真正的高人。

晋朝的陶渊明是中国古代著名的隐士，他满腹经纶，一腔抱负，却不被重用，只做了彭泽令那样的芝麻小官，还要受督邮的气，于是干脆挂印不干了。陶渊明不为五斗米而折腰，是真英雄，真丈夫。之后，陶渊明隐居山中，亲自下田耕作，种菊、除草、收获，这些都成了他文学作品中的主题，虽然生活清贫，但也自由自在。陶渊明本想隐居起来，让世人忘记他，不料他的名声却更加响亮，更加受后人的尊敬。

后来的文人们都非常向往隐士的那种生活方式，于是，很多人就在自己的住所布置风格上模仿隐居生活的方式，比如植竹、

养鱼。而文人的书房不求奢华，但求简朴素雅，越是陋室，反而越觉得高雅。唐朝刘禹锡的《陋室铭》流传很广，那种生活方式和心境代表了广大文人的心声。

结交须胜己，似我不如无。
但看三五日，相见不如初。
人情似水分高下，世事如云任卷舒。
会说说都是，不会说无理。
磨刀恨不利，刀利伤人指。
求财恨不得，财多害自己。

释文

　　结交朋友应该找超过自己的人，和自己差不多或者还不如自己的人不如不结交。不信你短短地观察个三五天，肯定就不如初见时候的印象好了。

　　人情世故就像流水一样可分高下，世上的事就像天上的云一样变化无常。

　　会说话的人，黑的都能说成白的。不会说话的人，就算再有理也说不出来，反而显得没有道理。

　　磨刀总想着要磨得锋利，但是刀刃太过锋利，会伤人的手指头。人们寻求财富总是嫌少，但是钱多了也会害人。

历史故事

杨修因才被诛

　　一个人有才或者有财是足以引以为傲的，但是太过表露出来就不是好事了。很多东西就像一把双刃剑，利用好了可以受益无

穷，而利用不好则有可能因此受难。比如三国时期的杨修，只知道一味表现自己的聪明才智，不知收敛，结果曹操看不顺眼，将他杀了。

杨修的才华谁都不用怀疑，他精通诗书，还机敏过人，心思细腻，对于政局也有自己清醒的认识。因此，杨修本人也颇为得意，目空一切。

杨修和同是文人的曹植关系很好，常常一起吟诗作赋。当时曹操正在为立谁为继承人而头疼，经常出题考儿子们，而杨修凭着自己的聪明才智常常帮曹植博得曹操的夸赞。可后来曹操知道曹植是受了杨修的帮助，非常不高兴，心里疏远了曹植，也十分不喜欢杨修。

曹操为人多疑，生怕人家暗中谋害自己，所以常吩咐左右的人说："我在梦中好杀人，凡是我睡着的时候，你们不要靠近我。"一天，曹操在帐中睡觉，故意把被子踢下地，近旁的一个侍从忙取被为他盖上。但曹操即刻跳起来拔剑把这个侍从杀了，然后接着上床睡觉。睡了半天起来的时候，又假装刚才是做梦，还问道："何人大胆，杀了我的侍从？"大家实情相告，曹操非常痛苦，下令厚葬侍从。只有杨修识破了曹操，临葬时指着尸体叹息说："不是丞相（曹操）在梦中，而是你在梦中啊。"曹操知道后更加厌恶杨修了。

曹操与刘备争夺关中之地，用兵不利，进退两难，进是很难取胜，退又怕被人耻笑。曹操在营帐中犹豫不决时，厨师送来鸡汤，曹操看到碗中有鸡肋，深有感触。此时，夏侯惇来请示夜间的口号。曹操信口答道："鸡肋，鸡肋！"杨修得知后，便叫随行军士收拾行装，准备归程。夏侯惇大惊，质问杨修。杨修说："我从丞相今日所说的口号便得知丞相不久就会退兵了。鸡肋，吃起来没有肉，丢了又可惜，现在进攻不利，待久了又没有好处，不如早日回去。"夏侯惇一听，也立马收拾行装了。曹操知

道后大怒，正在气头上的他以"造谣生事，动乱军心"的罪名斩了杨修。可怜杨修，聪明一世，却最终聪明反被聪明误。

所以说，有些东西我们大可不必追求过多、过盛，一件事物到了极点就会物极必反了。还有，不管自己有多大的成就，千万要低调行事，知足常乐。

原文

知足常乐，终身不辱。
知止常止，终身不耻。
有福伤财，无福伤己。
差之毫厘，失之千里。

人的欲望永远不会有满足的时候，只有知足的人，才会觉得快乐，也只有这样的人终身不会受到屈辱。

凡事懂得适可而止，在适当的时候停止欲望的蔓延，这样的人一辈子都不会蒙受羞耻。

有福的人受伤害无非是损失点钱财，无福的人受伤害就要自己去顶。

有些东西虽然只是一点点的小误差，却会造成极大的危害，带来不良的后果。

历史故事

贪得无厌最后一无所有

人的欲望真是一个很可怕的东西，它永远都不会有尽头，永远都不会满足，它让许多人深陷其中而不能自拔，迷失了自己。有些人一生都在追逐名利，可到死的时候才发现原来这一切都没有多大意义。真正知足的人才会每时每刻都开开心心，活得逍遥自在，人生不就应该如此吗？

话说八仙之一的张果老自成仙后，每日在民间寻访度化。一天，他走到一个村口，看见一对年老的夫妻在摆摊卖水，于是走上前去，借买水的时候跟老夫妻搭话。

张果老问他们的日子过得怎么样，老夫妻说很贫困。张果老又问他们有什么愿望，老夫妻说要是能开个酒店卖酒过日子就好了。张果老告诉他们，在你们村旁山顶上有一块形状非常像猴子的石头，石头旁边有三个泉眼，现在三个泉眼都被灰尘堵上了，你们明天上山去把灰尘清理出来，泉眼就会自动流出有酒味的水来了。张果老又给了老夫妻一个葫芦，说把这个葫芦装满就可以了。

第二天天还没亮，老夫妻就爬上山去，找到张果老说的那块石头，打扫干净泉眼。果然有水流出，尝了尝真的是酒味。两人大喜，装了一葫芦就回去卖了，恰好能卖一天。从此，他们夫妻俩就这样天天上山装酒回来卖，日子也渐渐好起来。

一年后，张果老又来到这个地方，他问老夫妻现在日子过得怎么样了。哪知老夫妻仍是一脸的愁容，说："每天的酒总是供不应求，要是能多装一点就好了，那每天就可以赚更多的钱了，我们就可以换个大房子了。还有就是没有酒糟，要是有酒糟，可以用来养猪，就又可以增加一笔收入了。"张果老听后，摇头叹息，口中念道："天高不算高，人心比天高。清水当酒卖，还嫌没酒糟。"说完飘然离去。而山上的泉眼也从此枯涸，再也没有水酒涌出来了，老夫妻仍过着先前的贫穷生活。贪得无厌，到最后注定一无所有。

增广贤文

若登高必自卑，若涉远必自迩。
三思而行，再思可矣。
使口不如自走，求人不如求己。

　　人向高处攀登时总感到自己渺小，人向远处行走时却总是抱着信心。

　　做什么事都要再三考虑，多多思考不会有什么坏处。动口不如动手去干，求人不如自己亲身去办，这才是积极的行事态度。

历史故事

劳动不可耻

　　战国时期，齐国有一个人孤苦伶仃，穷困潦倒。他连住的地方都没有，自己又没有一技之长，无法谋生，经常一日三餐都不能吃饱，每天只靠在城里乞讨度日，生活十分困窘。

　　刚开始的时候，城里人看他可怜，还会施舍点饭食给他吃。但是城就那么大，他天天走的就是那几条街巷，讨的又总是那几户人家。时间一长，大家都心生厌恶，再也没有人施舍给他，他也只有忍饥挨饿了。

　　恰在此时，一个姓田的马医因为手头的事太多忙不开来，需要一个帮手，这个乞丐便主动找上门去，请求在马厩里给马医打打杂工，以此来换取一日三餐。这样他就再也不用沿街乞讨，晚上也不必漂泊流浪。安定的生活使他的日子变得充实起来，干活也特别卖力。

　　可是有一些人却很瞧不起他，甚至当着他的面笑话说："马医本来就是一个被人瞧不起的职业，你现在为了混口饭吃，居然去给马医打下手，真是莫大的耻辱。"

　　这个昔日的乞丐却十分平静地问答："依我看来，天下最大的耻辱莫过于做寄生虫了，靠乞讨度日，靠别人养活。过去我为了活命连讨饭都不觉得羞耻，如今我帮马医干活，靠自己的劳动来养活自己，谁又有资格来说我呢，这又怎么能说是耻辱呢？"

　　这个齐国人的生活态度是极其正确的，在经历过乞讨和劳动两种不同的生活之后，他深刻认识到只有靠自己的劳动才可以养活自己，而劳动是最光荣的，无可厚非。求人不如求自己，劳动者最光荣，这也应该是现代人的生活准则。

为人处世小贴士（四）

1. 外貌只是空皮囊，德行才最重要

俗话说"爱美之心，人皆有之"，人们都喜欢美好的事物，乐于和长相俊美的人交往。可是如果漂亮的东西散发着臭味，你还愿意接近吗？你还喜欢它吗？如果长相俊美的人是个卑鄙的小人，你还愿意和他交朋友吗？外貌虽然重要，但不是最重要的，心灵美、德行美的人，人们才会发自肺腑地尊敬他们。纵然他们长相丑陋，也不会受到别人的鄙视。所以我们做事时对于外表不要看得那么重要，要追求内在，交朋友不要光看外表，要更看重德行。

2. 耳根清净，不听杂言

这是一个信息高度发达的时代，我们每天都会接收到各种各样让人眼花缭乱的信息。这些信息，有积极的、正确的，也有消极的、负面的，有的甚至是谣言。我们必须有良好的判断能力，接受好的信息，摈弃谣言、谎言。

3. 居室清幽，修身养性

中国古代的文人通常很讲究住处和书房的布置，他们追求的是一种清幽宁静的环境，不追求富丽堂皇，只追求气质与人格相符合。梅、松、竹被古人称为"岁寒三友"，它们的气质是文人所敬仰的，所以常被种植在居室附近。一个良好的生活学习环境是至关重要的，对于一个人人格的塑造起着十分重要的作用。

一、你来选

1. 下列说法错误的一项是（　　　）。

A. 诸葛亮曾经在南阳隐居，是刘备请他出山。

B. 曹操杀杨修完全是因为忌妒杨修的才华。

C. 因为老夫妻太贪心，张果老将施的法术又取消了。

D. 在古代，马医是个让人瞧不起的职业。

二、你来连

无盐女　　　　　　　　　辅佐黄帝，除去黄帝后顾之忧

孟光　　　　　　　　　　相夫教子，保全两个儿子的性命

嫫母　　　　　　　　　　劝谏齐宣王"亲贤臣，远小人"

许允之妻　　　　　　　　举案齐眉，夫妻和睦

三、你来答

1. "四大丑女"都是相貌非常丑陋的女人，你觉得她们为什么会得到后人的尊敬，从中你有什么体会？

小时是兄弟，长大各乡里。
妒财莫妒食，怨生莫怨死。
人见白头嗔，我见白头喜。
多少少年亡，不到白头死。

释文

　　小时候在一起玩耍的好兄弟，长大了各奔东西，难有再见面的机会。

　　嫉妒别人的钱财，是正常现象，但是不能嫉妒别人的吃食。别人活着时你可以埋怨，但是人死后就不要埋怨了，这时候已经没什么意义了。

　　有的人发现头上有白头发就会非常生气，我见了却十分高兴。多少人年纪轻轻就死了，还没到头发发白呢。

历史故事

庞涓忌妒终害己

　　战国时期的孙膑和庞涓都是很杰出的人物，他们都拜鬼谷子为师，学习兵法韬略。但是孙膑的资质略微胜过庞涓，因此鬼谷子就多传授了点兵法给他，这让庞涓很忌妒。虽然在数年后下山的时候，庞涓的学识和韬略已经达到很高的境界了，但他始终心存芥蒂，把孙膑视为眼中钉、肉中刺。

　　庞涓到魏国去，受到了魏王的赏识，也建立了功业，可以说是比较成功了。但是他一想到在这个世界上还有一个孙膑的本事胜过自己，就坐立不安。后来他写信给孙膑，假意请孙膑来魏国一起效力，他负责向魏王推荐。单纯的孙膑没有多作考虑就答应了。

　　孙膑来到魏国见了庞涓，起初受到了非常好的招待，但是渐渐就冷落了下去。后来庞涓就露出了狰狞面目，他陷害孙膑与齐国通敌，出卖魏国，结果对孙膑处以极刑。

　　受刑残废的孙膑伤心欲绝，他想不到庞涓如此恶毒，如此迫害自己。为了生存，孙膑选择了隐忍，他装疯卖傻，使庞涓放松了警惕，最终借齐国使者出使魏国的机会逃到了齐国。到齐国后，孙膑的才华很快就被发现，受到了齐王的重用。

后来魏国出兵攻打赵国，庞涓为主将，齐国派田忌为大将，孙膑为军师，出兵救援。孙膑采用围魏救赵之计，逼得庞涓放弃已经攻打下来的邯郸，回师救援都城大梁。而齐兵则在桂陵设了埋伏，致使魏军大败，庞涓侥幸逃脱。

几年后，庞涓再次率大军攻打韩国，齐国依旧派田忌和孙膑救援。孙膑故技重施，逼得庞涓回师。孙膑带齐军深入魏国境内，使用"减灶计"麻痹庞涓，最终在马陵道将庞涓的大军歼灭，庞涓本人也被乱箭射死。

假使庞涓没有那颗忌妒心，那么他和孙膑会是一对好朋友，患难相随，生死与共，或许可以一起为魏国效力，在他危难的时候，孙膑可以救他一把。而庞涓忌妒心爆发，居然加害别人，最终恶有恶报，把自己送上了死路。

原文

墙有缝，壁有耳。
好事不出门，恶事传千里。
贼是小人，智过君子。
君子固穷，小人穷斯滥也。
贫穷自在，富贵多忧。

释文

墙壁有缝隙，隔墙有耳朵，所以做什么事都要时时提防，确保万无一失。

做了好事不容易被人知道，但只要做了一件坏事，很快就传得人尽皆知。

有些贼虽然是小人，但是他们的脑子并不笨，有的聪明才智甚至胜过一般人，所以要小心提防。

君子虽然穷，但可以安守本分，小人若是穷了，就会胡作非为。人穷可以活得自由自在，钱财多了，忧虑也多了，发愁的事情也不少。

安贫乐道的古人

面对贫穷困厄，不同人会有不同的态度。小人向往富贵可以不择手段，一旦困苦就会惶恐不可终日，拼命想要摆脱。而真正的君子就不会觉得有什么，安然于贫困，把苦难当磨炼，安贫乐道，自由自在。

孔子有学生3000人，其中比较出名的有72人，而颜回是孔子的大弟子，是孔子最为得意的门生。颜回的一举一动，一言一行，孔子都非常欣赏，尤其是颜回能够安贫乐道。

颜回的生活条件极其艰苦。他居住在陋室里，每日都不能温饱，但是他一点都不在乎，还是一心读圣贤之书。孔子经常教育其他学生说："这样的苦难要是落到别人身上，一定承受不了，颜回却始终感到满足、快乐，他确实是一个十分贤德的人啊！"

鲁哀公问孔子："在你的3000多个学生中，谁最好学？"孔

增广贤文

75

子说："颜回最好学。他从不迁怒于别人，从不犯同样的错误，可惜不幸早逝了。"

晋朝的陶渊明因为不堪忍受官场的黑暗，便主动辞去了县令官职，到山中隐居起来。文人陶渊明亲自下田耕种，自食其力。虽然日子艰苦，但他悠然自得。回归自然后，他心底纯澈，心灵自由，这种感觉是以前追求不到的。

每天早晨，陶渊明扛着锄头出去干活，到晚上月亮出来了才拖着疲惫的身躯归来。他住所的四周种满了菊花，平时辛勤地打理。就是这样的辛劳，有时候温饱还是很成问题，陶渊明的日子可以说过得很艰苦。有好友请陶渊明出山，但是陶渊明没有答应。在他病重需要食物的时候，好友檀道济来看望他，带来粮食和钱财，却全部被他拒绝了。

逆境可以锻炼一个人，也可以考验一个人。真君子，即使身处逆境，也从不抱怨，他们不在乎外在冷暖，追求的是内心的富足。

原文

不以我为德，反以我为仇。
宁向直中取，不可曲中求。
人无远虑，必有近忧。
知我者为我心忧，
不知我者谓我何求。

释文

不因为我的行为而感谢我，认为我德行高尚，反而因为我的行为而仇恨我。世上恩将仇报的事太多了。宁可正直做人，不可委曲迁就，求得保全。

人如果没有长远的计划，很快就会遇到困难和问题。了解我的人能说出我心底的烦恼，而不了解我的人只会说出我表面的需求。

文天祥誓死不屈

南宋末年，政治腐败，国力衰弱，而北方蒙古兴起，欲吞并中原，势不可挡。蒙古于1274年发动战争，而南宋几乎没有什么招架之力，很多人都投降了，只有文天祥、张世杰、陆秀夫等人坚持抗元。

文天祥本是科举状元，是一介文人，但是在国家危难之际，文天祥弃笔从戎，毅然组织起军队保家卫国。南宋到了后期，几乎就是几位忠臣带着小皇帝到处跑，作战也多不利，人也越来越少，但是文天祥始终高举抗元大旗。他转战东南一带，有力地抵抗了蒙古军的攻击。但是由于寡不敌众，文天祥在五坡岭与元军

增广贤文

作战时被俘。元世祖忽必烈认为文天祥是个人才，命人将其押送到大都，希望能劝降他，为元朝所用。

押送途中路过潮州，这里由一个投降元军的汉奸张弘范主持事务。张弘范看见文天祥后，立刻笑脸相迎。不料文天祥颇为不屑，立刻转过身去，用脊梁对着他。张弘范尴尬地笑了一下，说："文丞相，我一直很佩服您的为人，不愧为一个顶天立地的汉子。但是，识时务者为俊杰……"张弘范一边说着，一边转到文天祥的面前，但文天祥还是一个转身，仍旧背对着他。

张弘范忍着怒气，假笑着说："文丞相，只要你能写信劝张世杰将军不要在崖山抵抗元军，那么我就能确保您的生命安全，并且您以后还可以做丞相。"

文天祥不屑地看了张弘范一眼，大骂道："无耻之徒！"

"文丞相，刚者易折啊！"张弘范奸笑道。

小学生国学文库

"宁折不弯!"文天祥正气凛然地说。

气急败坏的张弘范突然"嗖"的一声拔出寒光逼人的宝剑,面露凶相,说:"我倒要看看是你的嘴硬还是我的剑硬!"文天祥面不改色,直直向剑尖撞去,张弘范却连连退步,说:"你又何必轻生呢?只要你写一封信,就会免去一场大战,免得生灵涂炭,也体现了上天好生之德啊。"

突然文天祥大声说道:"笔墨伺候!"

张弘范以为文天祥真的要给张世杰写劝降书,非常得意,高兴地递过纸笔。文天祥却一气呵成,写下了流传千古的诗句:

辛苦遭逢起一经,干戈寥落四周星。

山河破碎风飘絮,身世浮沉雨打萍。

惶恐滩头说惶恐,零丁洋里叹零丁。

人生自古谁无死,留取丹心照汗青。

后来,文天祥被押解到元朝的都城大都,多人来劝降,无论威逼利诱,他都没有屈服,最终英勇就义,在天地间留下了一股刚直不屈的浩然正气。

原文

晴天不肯去,只待雨淋头。
成事莫说,覆水难收。

释文

天气好的时候不愿意行动,直到大雨淋头了才开始去做,已经错过了时机。

已经成为事实的事就不要再去说了,就像水已经泼了出去,就不可能再收回来了。

增广贤文

覆水难收

姜尚，字子牙，就是民间所称的姜太公，他是商朝末年的一个风云人物。姜尚足智多谋，胸怀韬略，曾辅佐周文王、周武王，是助周灭商的头号功臣。周朝建立后，姜尚的封地在齐，是春秋时齐国的始祖。

姜尚曾经也落魄过。在遇到周文王之前，姜尚曾在商朝都城朝歌当过小官，后来因为不满商纣王的残暴统治，弃官隐居到了陕西渭水河边一个比较偏僻的地方。

姜尚不善经营，所以日子过得很差，生活清贫。他的妻子马氏又是一个嫌贫爱富的人，每天都抱怨姜尚没用，说他没出息。马氏在家里动辄就对他恶言相向，姜尚一直忍气吞声。姜尚说自己迟早会发迹的，马氏却总是冷笑着说他是痴心妄想。终于，马氏还是离开了，任姜尚苦苦挽留，也无济于事。姜尚无奈，只好让她离开。

后来，姜太公受到了周文王的重用，做了周朝的大臣，又帮助周武王联合各路诸侯灭了商朝，建立了西周王朝。此时的姜尚可以说是风头无人能及，财富和声望自然不在话下。

马氏得知自己当年看不上眼的丈夫如今成了丞相，一人之下，万人之上，势利眼的她找到姜尚，想要恢复夫妻关系。姜尚叫人取来一盆水，泼在地上，对马氏说："你要是把泼出去的水再收回来，我就答应你的请求。"马氏闻言，知道覆水难收，缘分已尽，悻悻地走了。

所以说，我们做事要慎重，不能轻易做决定。同时也要果敢，有魄力，既然做了，就不要后悔，因为世上是没有后悔药的，凡事要朝前看。

原文

是非只为多开口，烦恼皆因强出头。
忍得一时之气，免得百日之忧。
近来学得乌龟法，得缩头时且缩头。

释文

不管什么是非，都是由话多引起的，烦恼多的原因是做人太过争强好胜。

遇到生气的事情忍一忍也就过去了，免得日后惹出不必要的麻烦。

人有时候要学习乌龟，情况不妙时就把头缩到龟壳中去，保全自己，伺机而动。

历史故事

将相和

廉颇是战国时期赵国的大将，以勇猛善战闻名于诸侯，被赵王封为左上卿。

蔺相如也是赵国人，他身份寒微，原本只是宦官头目缪贤的门客。赵惠文王的时候，赵国得到了楚国的和氏璧。秦昭王知道后就想要霸占和氏璧，于是派人对赵王说，愿意用十五座城池来交换和氏璧。赵国上下都清楚地知道秦王不可能言而有信，但又畏惧秦国强大，不能不答应。因此，缪贤推荐蔺相如带着和氏璧出使秦国。结果蔺相如凭借自己的聪明才智不辱使命，保全了和氏璧，也没有让秦国抓住赵国的把柄。因为这件事，蔺相如被封做上大夫。

后来，秦王又邀请赵王到渑池相会。当时，赵国刚刚在对秦的作战中失败，不敢不去。在酒席上，秦王故意侮辱赵王，让赵王弹瑟。蔺相如为了保全赵国颜面，凭借大智大勇，逼迫秦王为赵王击缶。赵国军队又由廉颇带领部署在附近，秦国不敢轻举妄

动，没有占到便宜。由于蔺相如功劳大，赵王封他为右上卿，地位在廉颇之上。

廉颇很不乐意，常对人说："我是赵国的大将，攻城掠地，立功无数。他蔺相如却只凭口舌，职位就比我高。我不服。"廉颇还扬言说，见到蔺相如一定要好好羞辱他。蔺相如知道这些话后，刻意躲着廉颇，每逢上朝就推说有病，不愿与廉颇相争。过了些时候，蔺相如出门，远远看见廉颇的车子，就立刻掉转车头避开了。

蔺相如的门客很不高兴，他们一起劝谏蔺相如说："我们一心来侍奉你，就是因为仰慕你的高尚品德，现在你的职位并不比廉颇低，而他口出恶言，你却害怕他，躲避他，这也未免太有悖常情了。"蔺相如说："你们觉得秦王和廉颇哪个更厉害？"众门客回答："当然是秦王更厉害。"蔺相如笑着说："我连秦王都不怕，还会怕廉颇将军吗？强大的秦国之所以不敢轻易对赵国用兵，就是因为我们赵国文有我在，武有廉颇将军在。如果这个时候我俩相互争斗，不能共存，那么赵国的实力就要大减了啊。大丈夫要公私分明，把国家利益放在首位啊。"

廉颇蔺听说了相如的话之后，非常惭愧。为了赎罪，他脱去上衣，露出上身，背着荆条亲自到蔺相如家去谢罪。二人终于冰释前嫌，成为了生死之交。

原文

惧法朝朝乐，欺公日日忧。
人生一世，草生一春。
黑发不知勤学早，看看又是白头翁。

增广贤文

83

遵纪守法，时时平安快乐；欺骗公正，无视道德，就只能落得天天烦恼忧愁。

人的生命只有一次，草木也只有春天一次生长的机会。时间是宝贵的，要把握时机。年轻的时候不知道要勤学苦练，等到时光流逝，很快就成为白发人了。

历史故事

珍惜时间的鲁迅先生

鲁迅先生是我国著名的文学家，也是利用时间的专家。鲁迅先生13岁时，家道中落，父亲长期患病，家里越来越穷，他经常到当铺卖掉家里值钱的东西，然后再去药店给父亲买药。一次耽误了时间，回到私塾时老师已经开始上课了。老师什么也没问，只是生气地说："十几岁的人了，还睡懒觉，下次再迟到就不要再来了！"鲁迅听了，点点头，并没有为自己辩解，只是回到了自己的座位上。

第二天，鲁迅早早就来到了私塾，在书桌的右上角用刀刻了一个"早"字。他在心底暗暗许诺，今后一定早起，不能耽误时间。他因此养成了一生珍惜时间的良好习惯。

鲁迅先生常说："节省时间，也就是使一个人有限的生命更加有效，即等于延长了人的生命。"他还说："时间就是生命，无端地去空耗别人的时间，其实无异于谋财害命。"鲁迅大部分的空闲时间都用来写作，所以效率很高。他虽交友，但很少参加集会之类的活动。即使有朋友来拜访他，他也不会花太多的时间去接待。

当有人称赞鲁迅是天才时，鲁迅感慨地说："哪里有天才，我只是把别人喝咖啡的时间都用在了写作上。"在他去世前的10

个月里，有8个月身抱重病，病得连谈话、拿报纸的力气都没有了。而就是在这个阶段，他创作、翻译、编校的书就有八九本之多。直到逝世的前三天，他还在带病译书，前一天还在写日记。临终的时候，鲁迅先生说："倘若生存，我当然仍要学习。"

时间对于每一个人都是公平的，也都是有限的，浪费了就不会再有，所以要珍惜，不要等到头发花白的时候再去懊悔。

增广贤文

为人处世小贴士（五）

1. 君子爱财，取之有道

钱财是个好东西，可以帮助我们实现很多愿望，没有人不喜欢，可是如何获得钱财却要讲究原则。不义之财不可取，触犯法律，损害道德来谋财不可取，损人利己的事也不可取，只有通过自己的劳动来获取钱财才是最正确的。

有才华的人总是让人羡慕的，超过他有两种方法：一是努力超过他；二是打压他，自己居上。很显然前者才是正确的，对于别人的羡慕应该成为自己不断前进的动力，而不应该让忌妒心迷失自己的心智，作出损人不利己的事情来。

2. 安贫乐道，追求自由

人活在世上还有比生存更重要的事吗？当然有，那就是理想，那就是自由！一个人填不饱肚子不要紧，但不能没有理想，没有理想的人就是行尸走肉。一个人生活贫苦不要紧，但不能没有自由，能够随性地做自己想做的事，说自己想说的话，不附和别人，那是多么幸福啊！

3. 正直做人，宁折不弯

一个健全的人必然有他做人的人格，做人一定要无愧于心，顶天立地，忠于自己的国家，忠于内心的追求。正直的人绝对不会向恶势力低头，不会因为前路有阻碍就掉头，为了心中的大义，牺牲性命也在所不惜。我们每个有理想的人应该学习这种精神，为了理想不屈不饶，决不妥协。

一、你来选

1. 下列说法错误的是（　　　）。

    A. 战国时期的庞涓是个卑鄙无耻的小人，他因为忌妒孙膑的才华而迫害孙膑。

    B. 孔子的学生颜回是个安贫乐道的君子，即使日子清贫，他也自得其乐。

    C. 文天祥誓死不投降，是个大英雄。

    D. 廉颇是个知错却不知悔改的人，只知道欺压蔺相如。

2. 姜尚不接受妻子的复合请求，你认为是什么原因（　　　　　）。（可多选）

    A. 自己已经老了，配不上妻子了。

    B. 妻子是个贪财忘义的人，曾经嫌弃他。

    C. 姜尚觉得妻子要求复合是看重他如今的地位，而不是真的重感情。

    D. 姜尚已经对妻子失望到极点。

二、你来答

1. 颜回能够安于贫苦，吃不饱，穿不暖，可生活得很开心；陶渊明隐居时经常要下田干活，他却觉得很自在，你觉得这是为什么？

月到十五光明少，人到中年万事休。
儿孙自有儿孙福，莫为儿孙作马牛。
人生不满百，常怀千岁忧。
今朝有酒今朝醉，明日愁来明日忧。
路逢险处难回避，事到头来不自由。

释文

　　月亮到十五以后光明会一天比一天少去，人到中年后也将不会有什么大的发展了。孩子们自然有他们的生活方式和乐趣，做父母的又何必为他们做牛做马，枉费精力呢。

　　人的一生最多不会超过百岁，有些人却常为千年的事情忧虑，真是杞人忧天。今天有酒就今天喝醉了吧，明天的事明天再说，暂且放松欢乐。

　　路上遇到险处无法避免，就只能想办法通过，事情轮到头上是想逃避也逃避不了的。

历史故事

张良急流勇退

　　张良是秦汉时期的风云人物，著名的"汉初三杰"之一，刘邦也称他"运筹帷幄之中，决胜千里之外"，是西汉开国的重要功臣。

　　张良原来是战国时期韩国贵族的后人，韩国灭亡后行刺秦始皇没有成功，流亡各地。机缘巧合下，他得到黄石公相传的兵书，受益无穷。在刘邦成就大业的过程中，张良扮演着举足轻重的角色。是他向刘邦提出要联合韩信、彭越、英布三王的力量去攻破项羽；是他在鸿门宴上随机应变，救下刘邦；也是他提出"明修栈道，暗渡陈仓"的计谋，开始了刘邦反攻的序幕。

西汉建立后，刘邦大封功臣，很多人都被封了王。刘邦让张良自己选择齐国的三万户为食邑，张良却推辞了。张良请求将自己封在当年他与刘邦相遇的地方，即刘邦的故乡江苏沛县。刘邦同意了，封张良为留侯。

张良之所以如此，有着他自己的打算。当年韩国被灭，他家破人亡，沦为草民，他暗自立下"封万户，位列侯"的志愿。而如今，这个愿望已经达成了，他就知足了。现在西汉初建，新兴的政权生机勃勃，国家大事也有一帮贤臣辅佐，自己一生也该知足放心了。再者，张良一向体弱多病，已经没有什么精力了。人不能一辈子都忙忙碌碌，在情况允许下，也可以暂且抛开大事，安享宁静了。

最重要也是最关键的，张良在一片安详之中意识到了危机。自古"兔死狗烹，鸟尽弓藏"，如今刘邦已经扫清四海，成就了霸业，也到了清理一干功臣的时候了。功劳最大的韩信，爵位一次次被降，直到最后被强加谋反罪杀害。彭越无罪，也被残忍杀害。英布无奈起兵，最终也失败了。这些张良都是看在眼里的，也深知对于手握重兵的三王来说，这样的下场是无法避免的。

张良不想韩信等人的命运落到自己身上，就主动申请告老还乡，摒弃人间万事，专心修道，过安静的生活。

谁能说那些封王拜相的人就一定比张良好呢。一辈子很短，要多留一些属于自己的时间。经历过一些大事后，要静下心来思考，对于自己的未来要有清醒的认识。为人要豁达，要乐观，活着就不要想死后的事，这样的人生才有意义，才不会白活。

药能医假病，酒不解真愁。

人贫不语，水平不流。

一家有女百家求，一马不行百马忧。

药能对假病起作用，喝酒却不能真正地消除忧愁。

水位如果是平的，那么水就不会流动。人穷了就不要说话，说了也没什么用。

一家有一个姑娘，很多人家会来求婚。一匹马不走了，马群都会为它担忧。有时候，一个人会耽误很多人的事，一点小事也会坏了大局。

小事败大局

春秋时期，各国间征战不断，弱肉强食，胜者为王。有一年，宋国大将华元率军攻打郑国，晚上在某地宿营。因为第二天就要跟郑军交战了，所以华元制定了详细的作战方略。为了鼓舞军队的士气，他嘱咐炊事员给士兵加餐，每人分一块羊排骨。

当晚，士兵们都非常高兴地捧着羊排骨吃，偏偏华元的车夫没有分到。其实不是华元偏心，故意不给车夫，实在是太忙，人太多，给忘了。这车夫目睹别人吃得满面红光，心中气不打一处来，心想自己是给主帅驾车的，理应受到更好的待遇才对。现在别人都有羊排骨，我却没有，这不是存心作践我吗？人要知恩图报，有怨也要报，车夫暗自想着，决定第二天要报复华元。

第二天宋国军队和郑国军队交战，激战正酣时，华元的车

小学生国学文库

　　夫不管三七二十一，驾车就往郑军军营里冲。华元慌了神，质问车夫说："你昏了头了啊，前面就是敌营啊，你往里面冲，找死吗？"车夫却不紧不慢地说："你有权不给我羊骨头，我也有能力把你送到敌营做俘虏。"可怜华元计划了一夜的谋略都成了空谈，自己就这么憋屈地做了俘虏，恐怕他做梦也想不到会有这样的结局。

　　虽然华元不是故意那么做的，但事实就是这么发生了，也确实导致了他的惨败。这对于我们的教训非常深刻，有时候决定成败的往往是一个不起眼的细节，所以在行事的时候一定要万分注意小心不能忽略任何一个细节。

原文

　　　　有花方酌酒，无月不登楼。

三杯通大道，一醉解千愁。

深山毕竟藏猛虎，大海终须纳细流。

受恩深处宜先退，得意浓时便可休。

释文

　　有漂亮的鲜花，饮酒才有意义，天上有明月，登上高楼才会有收获。三杯酒喝下去，什么道理都通了，一喝醉就什么忧愁都没有了。

　　猛虎需要藏在深山之中，溪流终究还要回归大海。得到的恩惠太多时应该知道退让，称心如意时也不要过于骄傲自满。

历史故事

魏晋人嗜酒

　　魏晋时期的名士大多嗜酒如命，也流传许多关于喝酒的有趣故事。

　　当时有七位贤人，常常聚集在竹林之间，肆意饮酒，弹琴作赋，放浪形骸，人称"竹林七贤"，他们分别是：嵇康、阮籍、山涛、向秀、刘伶、王戎、阮咸，个个都是嗜酒之人。

　　阮籍嗜烈酒，善弹琴，相传琴曲《酒狂》就是他所作。当时的司马氏想拉拢阮籍，而阮籍常以醉酒推脱。司马昭想要阮籍把女儿嫁给自己的儿子司马炎，阮籍不愿意，也不好直接对抗，他一连醉了60天，从而逃过了对这件事情的表态，司马昭也只好作罢。当时，步兵校尉的职位刚好空缺，而阮籍又听说校尉的厨房里贮藏了美酒上百坛，于是阮籍来了兴致，自请为步兵校尉，从此，后人又称他"阮步兵"。

　　刘伶则更是个嗜酒之人，几乎没有清醒的时候。刘伶到哪都带着酒壶，连坐在车上都喝酒。他常对他的侍从说，我要是醉死在什么地方，你便就地把我埋了算了。刘伶家里不是很富有，所

小学生国学文库

以妻子也常常劝他戒酒，有一次，刘伶居然一口答应。但刘伶又说，戒酒是个大事，需要做个仪式，需要大酒大肉来祭神。妻子信以为真，买回了酒肉，哪知刘伶吃了酒肉又耍赖了，妻子又气又恼，可又无可奈何。

还有一个人名叫毕卓，也是个为了喝酒什么都不顾的人。他当时已经做到了吏部郎的官职，可当他听说邻居家酿有好酒的时候，居然去偷喝，结果醉倒在酒瓮旁。第二天被发现，邻居哭笑不得，世人都说他有失体统。

魏晋时期名气最大的嗜酒之人要数大诗人陶渊明了。陶渊明曾在《五柳先生传》里自称"性嗜酒"，隐居之后更是片刻都少不了酒。陶渊明著有《饮酒诗》数十首，都是在醉酒迷蒙之下完成的，酒给了他文学创作上的灵感。陶渊明做县令的时候，衙门有公田，可供酿酒，他就下令全部种植可酿酒的粳米，连吃饭的大事都忘了，最后还是他夫人力争，才分了一小块种稻。相传陶渊明不可一日无酒，一天不喝酒就浑身不自在，每次喝酒又必然喝醉，什么不开心事都忘得一干二净了。

魏晋人喝酒很大一部分原因都和阮籍相似，是为了逃避现实，在酒醉中找寻理想，从而形成了独特的社会风气和文风。不过，他们喝酒的那种方式于现代人而言，是不可取的。

莫待是非来入耳，从前恩爱反为仇。
留得五湖明月在，不愁无处下金钩。
休别有鱼处，莫恋浅滩头。
去时终须去，再三留不住。
忍一句，息一怒，饶一着，退一步。
三十不豪，四十不富，
五十将来寻死路。
生不论魂，死不认尸。

释文

　　要少听或者不听是非的话语，听多了，再好的人也会反目变成仇人。只要有五湖在，就会有鱼钩，保住了根本，就还有希望。

　　劝阻人离开一个不值得留恋的地方，不要总是恋恋不舍，应该失去的，再留也留不住。

　　少说一句，会少生一次气。让别人一次，就可避免一次纠纷。凡事要以和为贵，不要轻易和别人发生冲突。

　　三十岁没有才能，四十岁就不会有家产，五十岁如果还做不了官，那这辈子就没什么希望了。

　　大多数人活着的时候，不能正确地认识自己的灵魂或精神成分；死了之后继续流浪、轮回，容易投入新的境界，而忘记自己原来的肉体。

管鲍之交

管仲和鲍叔牙都是春秋时期齐国的名人，他们在为官之前就已经是好朋友，做官后两人也是相互扶持，友谊至死未变。这其中鲍叔牙的好脾气和对管仲的了解和支持尤其重要。

鲍叔牙在南阳经商时，认识了管仲。当时，管仲家道中落，生活十分困顿，但是他胸怀大志，满腹才华。鲍叔牙知道管仲不是等闲之辈，很看重管仲，于是两人就合伙做买卖。管仲每次赚了钱总想多分一点，这让鲍叔牙的手下很不满意。鲍叔牙知道后说："管仲并非是贪婪的人，只是他家里实在需要钱罢了。"

管仲也曾从军出征，可是在战场上多次临阵脱逃，人们便很瞧不起管仲，认为他是个胆小鬼。鲍叔牙则竭力为其辩解说："管仲逃跑是因为顾忌家中老母无人照顾，并非是贪生怕死。"管仲知道后非常感动，感叹说："生我者父母，知我者鲍子

也！"

后来，管仲和鲍叔牙分别效忠于公子纠和公子小白，各自辅佐主公争夺齐国王位。管仲还曾经射伤过公子小白。最终公子小白当上了齐国国王，他就是齐桓公。齐桓公记恨当年之仇，要杀管仲。这个时候鲍叔牙出来求情，说："如果大王只是想做个太平君主，由我辅佐就行了。但如果大王想成就霸业的话，那就非用管仲不可啊。"齐桓公是个有野心的人，当即放了管仲，还任命他为相国。在管仲的治理下，齐国日益强盛，而管仲的地位也超过了鲍叔牙。但鲍叔牙一点不嫉妒，只为自己的朋友高兴。

管仲临死前，齐桓公问他鲍叔牙可不可以代替相国的位置，可是管仲没有同意。管仲认为鲍叔牙的能力不适合当相国，而是推荐了隰明。很多人都在背后说管仲忘恩负义，只有鲍叔牙知道管仲是真的了解自己，所以并没有半点怨言。

管仲和鲍叔牙的交情，历史上称为"管鲍之交"，为后人所称颂。管仲在春秋历史上叱咤风云，让人敬仰，而鲍叔牙的胸怀同样值得后人钦佩。

原文

父母恩深终有别，夫妻义重也分离。
人生似鸟同林宿，大限来时各自飞。

释文

父母的恩情再深终究会有分别的一天，夫妻之间的感情再重也不可能永远在一起不分离。人生就像同宿在一个树林里的鸟，到了寿命结束的时候就各奔东西。

小学生国学文库

破镜重圆

南北朝末年，南朝陈国太子舍人徐德言和妻子乐昌公主担心陈国灭亡后不能相保，害怕要各自流落，于是打破一铜镜，各存一半，作为日后相见的信物。

果然，陈朝被隋朝灭亡后，徐德言和乐昌公主就失散了，从此杳无音讯。乐昌公主被掳，成了隋朝越国公杨素的小妾。杨素非常宠爱乐昌公主，仰慕她的才华和贪图她的美色，还专门为她营造了宅院，但乐昌公主终日郁郁寡欢。乐昌公主心中思念丈夫徐德言，心中根本装不了其他人。于是她派一老者每天在集市叫卖那半块破镜，希望得到丈夫的讯息。

徐德言在山河破碎之时侥幸逃生，为了寻妻，他也来到了齐国的都城。在第二年的正月十五，徐德言看见了在集市叫卖破镜的老者。徐德言一看到那破镜，立刻泪如雨下，他买了破镜，把老者带回自己的住处，向其讲述一年前他们夫妻的约定。他拿出自己的半块破镜，两个破镜完全吻合，更是泪流不止，老者也被他们感动了。老者答应帮助他们夫妻团圆，徐德言借着月光题诗

一首，并托老者将之带给乐昌公主，诗是这样的：

镜与人俱去，镜归人不归。

无复嫦娥影，空留明月辉。

乐昌公主看到丈夫的题诗，想到与丈夫近在咫尺却不能相见，十分悲伤。她每日以泪洗面，容颜渐衰。杨素再三盘问，乐昌公主说出了事情。杨素知道自己不可能得到乐昌公主的心，又被他夫妻二人的故事所感动，于是做了个顺水人情，让徐德言与乐昌公主夫妻破镜重圆，一起回归江南故里。这个故事一直被广为传颂。

人生虽然短暂，有时又变化无常，可是情感却是最真挚的东西，任何时候都不能舍弃，因为它是一个人生命的支柱。

原文

人善被人欺，马善被人骑。

人无横财不富，马无夜草不肥。

人恶人怕天不怕，人善人欺天不欺。

善恶到头终有报，只争来早与来迟。

释文

人太善良太软弱了就会被别人欺负，而马太温顺老实就谁都可以骑上去。做人要守本分，但是也不能太过。

人如果没有不义之财就不会大富，马夜里不给它加草料就不会养肥。想要成功，总要付出点额外的劳动和特别的行动。

凶恶的人，人人怕他，但是老天不会怕他。善良的人，人人欺负，但是老天不会欺他。善有善报，恶有恶报，最后终归都会有报应，只是早点晚点罢了。

一饭救一命

　　春秋时期，晋国的赵宣子住在翳桑。一次他去首阳山打猎，碰到一个饿汉。赵宣子看饿汉实在是可怜，心生怜悯，亲自下马询问他的病情。那饿汉说："我没有什么病痛，只是已经3天没吃东西了，实在是饿得慌。"赵宣子立刻赠送食物给他吃。那饿汉虽然很饿，食物却只吃一半，留下一半。赵宣子问他为何，那饿汉说："我离家已经3年了，不知道家中老母是否还活着。现在离家很近了，我想把这留下的食物送给她。"赵宣子非常感动，让他把食物吃完，另外又为他准备了一篮饭和肉。这个饿汉名叫灵辄，后来做了晋灵公的护卫武士。

赵宣子是晋国的贤臣，而晋灵公昏庸残暴，赵宣子多次劝诫都没有效果。时间一长，晋灵公开始憎恨赵宣子，想杀掉赵宣子。一次，晋灵公宣赵宣子觐见，暗中却埋伏了武士要杀害他。为首的灵辄发现自己要杀的人是自己的恩公，立马掉转头抵挡住准备刺杀的人。赵宣子不知道他的身份，问他为何要这样做，灵辄回答：“我就是您在翳桑所救的那个饿汉啊。”最终，灵辄为了救赵宣子而被杀，而赵宣子也得以脱险。

　　恐怕赵宣子自己也没想到自己曾施舍出去的一顿饭竟然会救自己一命。他在救济饿汉的时候纯粹是出于善良，并非想得到什么报答。而人生就是这么奇妙，善良的人终究会有善报。而晋灵公由于太过暴虐，引起民愤，最终也被杀害，正可谓“恶有恶报”。

原文

黄河尚有澄清日，岂可人无得运时。
得宠思辱，安居虑危。
念念有如临敌日，心心常似过桥时。
英雄行险道，富贵似花枝。

释文

　　连浑浊的黄河水都有水清的时候，人怎么可能没有运气好的时候呢？

　　得志时要想想忍受屈辱的日子，安居乐业时要多多考虑可能发生的危险。做人要小心至上，凡事谨慎一点，就像走路过大桥一样，不要大意。

　　创造英雄伟业的人难免会遇到危险，贪图安逸富贵虽然没有危险，却难以长久。

晋悼公居安思危

春秋时期，各诸侯国之间相互攻伐，战事不休，没有永远的盟友，只有永远的利益。其中晋国和楚国两个大国为了争夺霸权，曾经爆发过多次大战，各有胜负。

晋厉公在位时，由于他沉迷酒色，宠幸奸臣，随意杀害大臣，导致朝野离心，民不聊生，自然晋国的实力也渐渐衰落，楚国占据了上风。后来，晋国大夫发动政变杀了晋厉公，将在外的太子接回国接任国君，称晋悼公。晋悼公年轻有为，任人唯贤，改革朝政，使得晋国逐渐强盛起来。

当时，晋国的北方散居着许多少数民族的游牧部落，被统称为戎狄，经常出兵骚扰劫掠晋国的边境地区。后来，戎狄无终部落的首领派使者找到晋国大夫魏绛，请求引见悼公，希望双方结盟讲和。但悼公不同意，他认为戎狄是野蛮人，根本不会讲什么道义，只能用武力来解决。魏绛劝谏说："现在中原的很多国家都在遭受楚国的欺凌，被楚国压迫，都盼着晋国去援助呢。如果我们现在对戎狄用兵，万一中原有事，楚国趁虚而入，我们将措手不及啊。"悼公觉得有理，就采纳了魏绛的意见，同意无终部落的求和，派魏绛前去，与其缔结互不侵犯的条约。从此，晋国基本上解除了后顾之忧，一心对抗楚国，实力也更为强大了。

郑国起初依附于晋国，但由于楚国一再出兵攻打，无力抵御，只好背晋投楚。晋悼公非常恼火，决定会合宋、卫、齐、曹等12国的军队攻打郑国，以示惩戒。郑简公知道后异常恐慌，立马派人去诸侯营中请罪求和。晋悼公同意和谈。郑国为了表示谢罪，给晋悼公送去了很多礼物，其中有3个著名的乐师，16个歌妓，还有一批珍贵的乐器。

晋悼公自然十分高兴，他想到魏绛的功劳，决定分出一半

增广贤文

赏赐给魏绛。魏绛知道后，谦逊地说："晋国有今天的成就，完全是大王的威德和各位大臣们的功劳。不过，古书上讲'居安思危'，意思是人在安逸的时候要想着危险，这样才能有备无患。大王如果能够牢牢记住这句话，就可以一直享受今天这样的欢乐了。"晋悼公认为有理，便不再贪图享受，一心治国了。

原文

> 人情莫道春光好，只怕秋来有冷时。
> 送君千里，终须一别。
> 但将冷眼看螃蟹，看你横行到几时。

释文

　　人世间的情谊并非总像春天的景致那般美好，遇到情况也有像秋天般变冷的时候。

　　送别友人送得再远，最后还是要分别的。

　　用冷静的眼光看那些横行霸道的小人，看他们还能嚣张多久。

刘瑾贪婪终丧命

　　明朝武宗正德年间，出了一个臭名昭著的大太监，他就是刘瑾。刘瑾善于察言观色，深得明武宗的信任，最终大权在握。之后，他引诱明武宗沉溺于骄奢淫逸中，自己则趁机把持朝政。当时人称刘瑾为"立皇帝"，武宗为"坐皇帝"。刘瑾排除异己，陷害忠良，甚至有自己当皇帝的打算，朝中正直的官员大多受到他的迫害。他利用权势，肆意贪污，公然索贿，大搞权钱交易，把朝政搞得乌烟瘴气。

增广贤文

刘瑾的恶行引起很多人的不满，那些为国忧虑的大臣纷纷劝谏武宗铲除刘瑾的势力。武宗本想除掉刘瑾，但刘瑾哭诉求情，武宗就赦免了他，还提升了他的官职。之后，刘瑾对弹劾他的官员大加报复和侮辱。曾有一次，他一口气把20多名官员削职为民。为了巩固自己的权势，他监督官吏和百姓，制造恐怖气氛，维护自己的专权，搞得人人自危。天下人莫不对刘瑾恨之入骨，只是碍于他的权势，不敢发作。

公元1510年，刘瑾曾经的下属张永在向明武宗报告平定安化王叛乱的战报时，揭发了刘瑾的17条大罪。明武宗大吃一惊，有感于刘瑾平日的行径，终于下命令将刘瑾抓捕审问。第二天，明武宗亲自出马去抄刘瑾的家，结果竟然发现了印玺、玉带和禁止百姓、官员私自拥有的禁物。而在刘瑾经常拿着的扇子中也发现了两把匕首。明武宗大怒，相信了刘瑾谋反的事实。

当年8月，刘瑾被处以凌迟之刑，受千刀万剐之苦。而当时的人对他没有丝毫同情，人人拍手称快。试想刘瑾跋扈的时候，哪个人敢忤逆他，但是他也终有落难的一天，曾经的一切化为泡影，连普通人都不如。人不可能一辈子受苦受难，但也不可能一辈子大富大贵，逆境中要矢志不渝，相信会有成功得志的一天，得意时要戒骄戒躁，才可保全。

原文

见事莫说，问事不知。
闲事休管，无事早归。
假缎染就真红色，也被旁人说是非。
善事可作，恶事莫为。

104

　　见了什么事都不要说太多，别人问什么尽量推说不知道，要有一颗防范之心。闲事不要管，没什么事就早早回家。

　　就算把假的绸缎染成真正的红颜色，也会被别人说三道四。

　　好事可以做，而坏事千万不能去做，以免酿成灾祸。

历史故事

狗拿耗子，多管闲事

　　一个村子里有一户人家，家里养了一只狗和一只猫。一天，主人出去干活，留下猫和狗看家。

　　猫每次看主人一走，就立刻趴在家门前呼呼大睡。老鼠们看见猫在睡觉，就肆无忌惮地走进家中找东西，把家里弄得乱七八糟的。老鼠到处乱咬，把屋子里的家具、书籍咬得到处都是缺口，一切都狼狈不堪。

　　忠实的狗看到这个情形十分着急，他急冲冲地去找猫，用脚推了推正在睡觉的猫。猫打着哈欠说："什么事啊，忠实之星？"狗气愤地说："懒猫，别睡了，你看看家里，那么多老鼠已经把家里糟蹋得不成样子了！待会儿主人回家会不高兴的，还不赶快赶走这些可恶的老鼠！"猫却不屑一顾，眯着眼睛继续趴着，说："你的任务是看好家门，别的就别管了，别打扰我睡觉，不然我就不客气了。"狗无可奈何，看着一片狼藉的家，愁眉苦脸地走了。

　　老鼠们都笑话狗是孬种，连猫都怕。狗气得满脸通红，怒火中烧，终于受不了气，冲进了家，很快就咬死了好几只老鼠。其他老鼠看见了，害怕得要命，纷纷四处逃散。不一会儿，家里就一只老鼠都没有了。

　　狗由于太累就睡着了，而猫则把老鼠的尸体堆在了一起。当

主人回来时，看见猫正在清理老鼠的尸体，以为都是猫做的，而狗却在睡觉。主人很欣赏地拍拍猫的头，又狠狠地踢了狗一脚，狗委屈得直叫。

主人好好地犒赏了猫，而狗却一无所有。狗这个时候才明白，狗拿耗子是多管闲事啊。

我们每个人都有各自的价值，每个人的分工也不一样。尽力做好自己的本分才是最重要的，有时候多做其他事反而会适得其反。但是，这不是说我们除了自己的事就什么都不管了，那样很可能造成社会的冷漠，这就有些片面了。凡事要无愧于心，帮助他人，见义勇为也是值得称赞的。

小学生国学文库

为人处世小贴士（六）

1. 坦然面对人生路上的苦与乐

人生就像大海上的波浪，有起有伏，有得意的时候，也有失意的时候，我们要保持良好的心态，抱一颗平常心，成功时不骄傲，失败时不气馁。开心的时候不要得意忘形，遇到困难的时候不要想着躲避，因为躲来躲去没有尽头，要勇敢面对，将困难踩在脚下，作为自己成功的垫脚石。

2. 酒虽好，要节制

中国千年历史有着漫长的酒文化，历史上很多大文人都喜爱饮酒，很多锦绣作品就是在他们醉酒的状态下完成的。可是，无节制地饮酒从来都是不可取的，一来会伤身，二来人的醉态实在是丑。一个让你清醒的时候或许是个谦谦君子，一旦喝醉了，神志不清，放荡不羁，就会完全失去了风度。这样的状态下，人容易冲动，会做出错事，等到清醒了就后悔莫及了。

3. 居安思危，荣辱不惊

我们做人、做事要把眼光放长远，不可局限于眼前的得失。安定的时候要想着危难的时候应该如何面对，这样才能防范于未然，在困难真的来临时才不会不知所措。很多英雄好汉不是被敌人打败，而是被安定的现状打败。安逸的环境会消磨掉人的斗志，让人不思进取，人一旦堕落，英雄也会变成狗熊。

一、你来选

1.下列关于喝酒的叙述，错误的是（　　　）。

　　A.阮籍不愿跟司马昭结为亲家，就假装喝醉了不省人事，以此回绝。

　　B.毕卓曾经偷邻居家的酒喝。

　　C.魏晋人喜欢喝酒是因为酒能提高他们的智慧。

　　D.陶渊明曾经写过很多关于饮酒的诗歌。

2.下列说法正确的是（　　　）。

　　A.刘邦要杀张良，张良为了保命，只好无奈退隐。

　　B.华元故意不给车夫分羊排骨，致使车夫非常生气。

　　C.管仲是个忘恩负义的人，当初鲍叔牙帮助他，他做了丞相却不愿提携鲍叔牙。

　　D.徐德言和乐昌公主忠于爱情，最终有情人终成眷属。

二、你来答

1.华元的车夫就因为一块羊排骨而生长官的气，最终导致华元被俘，你觉得他为什么这样做吗？

许人一物，千金不移。

龙生龙子，虎生豹儿。

龙游浅水遭虾戏，虎落平阳被犬欺。

释文

答应了别人的事情，就一定要说到做到，不可失信于人。

龙生的孩子必定还是龙，虎豹的孩子也一定会像虎豹那样威猛。

蛟龙到了浅水里不能收放自如，甚至会遭到虾的戏弄；而山中之王老虎流落到平原，很有可能会被狗欺负。人要是在不利的环境里，即使有再大的本事也无法施展。

历史故事

言而有信的郭伋

郭伋是东汉光武帝时期的人，他官至太中大夫，在当时很有名声。他十分讲究信用，说到必定做到，不管对任何人，从不违约失信。

郭伋到并州任职，一次巡察部署，途径美稷县。碰见有几百个儿童，各骑着竹马，在路边迎接郭伋。郭伋问："孩子们，为什么跑这么远来啊？"孩子们回答说："我们听说使君来到，非常高兴，所以特地来欢迎。"郭伋听了自然十分高兴。

事情办完后，郭伋准备离开了。这帮孩子们送他一直送到城郭外，问："使君哪一天能够回来啊？"郭伋让下属算了算行程，告诉了孩子们下次再来的日期。

郭伋巡视完其他地方后再次来到美稷县，日期却比当初告

诉孩子们的日子早了一天。郭伋怕失信于孩子们，于是在野外的亭中歇宿，等到第二天，也就是预定的时期再进城。当地人知道后，都对郭伋十分敬佩。

其实，早一天与晚一天并没有太大的区别，也不是什么情况紧急的大事，只是和小孩子们说的一个日期罢了。但是，郭伋把它当做一条准则去执行，不折不扣地遵守。因为他知道，他面对的是一帮孩子。孩子们正处于增长知识和阅历的黄金阶段，任何一个人的行为都有可能对他们产生非常巨大的影响，郭伋正是知

道这一点，才会树立一个守信的榜样。当然，真正守信的人，遵守诺言是他们的一种习惯，一种美德，并没有什么功利之心和特殊的目的，哪怕只是随口一句话，都不会忽略，都会应约。

原文

一举首登龙虎榜，十年身到凤凰池。
十年窗下无人问，一举成名天下知。

释文

一朝科举成功，荣登榜上，就有了名声，改变了命运。但是，没有十年的努力，是不可能接近皇帝的。

十年在寒窗内的苦读无人知晓，一下子成了名后，天下人就都知道了。

历史故事

曹雪芹呕心沥血

《红楼梦》是我国文学史上的巨著，长篇章回小说里的代表作。它问世起至今，它的光辉从未黯淡，一直被后人推崇。在我们尊崇《红楼梦》的同时，不能忘记一个人，他就是曹雪芹——《红楼梦》的作者。

曹雪芹的先祖是汉人，因为长期生活在关外，最终沦为满人的"包衣（家奴）"。曹雪芹的祖父曹寅受到康熙皇帝的宠爱，被任命为江宁织造。江宁织造是一个特殊的官职，他名义上管理江南的皇家丝织品供应，实际上还充当了皇帝在南方的耳目，随时为皇帝提供情报。可见康熙皇帝对曹家的信任。

整个康熙时期，曹家三代都官运亨通，家境殷实，是当时的名门望族。曹雪芹的童年就是生活在这样的家庭生活中，从小享

受富贵，过着锦衣玉食的生活。祖父和父亲都爱舞文弄墨，对曹雪芹也极为慈爱，而祖父那丰富的藏书也为曹雪芹日后的写作打下了坚实的基础。

然而，在康熙死后，政治格局发生了翻天覆地的变化。作为康熙皇帝心腹的曹家，因为曾经与废太子交往密切，直接导致了雍正皇帝上台后对曹家的打压。从此，曹家开始失势。雍正五年，曹家因"行为不端"、"骚扰驿站"、"制造款项亏空"等罪名被革职抄家。曹家从此没落，举家北迁，含泪告别江南，曹雪芹的幸福童年也结束了。

家境的转变使得曹雪芹深切体会到人生的悲哀和世道的无情，也让他摆脱了纨绔子弟的庸俗与狭隘，看到了贵族家族不可

挽回的颓败。在这对于人生的感悟和对自己生命价值的思考上，曹雪芹开始创作《红楼梦》。

在创作《红楼梦》期间，曹雪芹境遇困顿，几乎是食不果腹，衣不蔽体，连基本的生活都难以保证，但是他仍然坚持着。那时候他要靠卖画为生，一有些钱他就会找上几个知心朋友喝得大醉，好暂时忘记烦扰和世俗。这些日子虽苦，但他活得逍遥自在。

为了写作，曹雪芹远离了喧嚣的都市，搬到荒凉的西山居住，每日艰难地维持生计，有时候连写作的纸张买不起。那时，曹雪芹已经享有盛名，很多权贵向他求画，出以重金，但是都被曹雪芹拒绝了。童年的不幸已经在他的心底投下了阴影，他这辈子都不可能与权贵有交集了。

曹雪芹几乎是用生命去写作的，创作《红楼梦》成了他生命的支撑。到了晚年，他贫病交加，然后不幸接二连三地出现。幼子由于贫困而夭折，这对于曹雪芹是致命的打击。在凄凉之中，曹雪芹离开了人世，留下未完成的《红楼梦》残稿。

《红楼梦》残稿就像断臂的维纳斯，有着一种残缺的美，留给后人无尽的发挥空间，至今不衰。我们在欣赏这部巨著的时候，不能忘记曹雪芹为《红楼梦》所付出的一切。这位文学巨匠虽然生前潦倒，但他为文学史作出了杰出的贡献！

原文

酒债寻常行处有，人生七十古来稀。
养儿待老，积谷防饥。
鸡豚狗彘之畜，无失其时。
数口之家，可以无饥矣。

常将有日思无日，莫把无时当有时。
时来风送滕王阁，运去雷轰荐福碑。

释文

喝酒欠债的事到处都有，但人活到70岁的情况却很少。

养儿子是为了年老时有依靠，积攒粮食是为了防止挨饿。

饲养鸡、狗、猪之类的家畜以及不耽误农作物的种植时间，这样一家老小就可以不用挨饿了。

生活好的时候要多想想生活差的时候，也不要把原本不好的境况当成是好日子。

人运气好的时候就如王勃般得到风神相助，一夜达滕王阁；而当运气差时就如那个潦倒的书生想靠荐福寺的碑文改善生活，一个巨雷却把碑击碎了。

历史故事

好兆头还是坏兆头

从前有一个秀才进京赶考，之前他已经多次参加科举，但都没有考中，可秀才从来都没有沮丧放弃。这一次，他住在了一个经常住的店里。考试前几天，他做了3个梦：第一个梦是梦到自己在墙上种白菜；第二个梦是下雨天，他戴了斗笠还打着伞；第三个梦是跟心爱的人躺在一起，但是背靠着背。临近考试之前做这样蹊跷的梦，秀才觉得应该有深意，于是第二天就去找算命先生解梦。

算命的听秀才说了自己的梦后，连拍大腿说："你还是回家吧。你想想啊，高墙上种菜不是白费劲吗？戴斗笠还打伞那不是多此一举吗？和心爱的人在一起，却背靠背，那不是没戏吗？"秀才听了有些失落，但他实在不甘心就这样放弃。他转念一想，便兴奋地说道："你会算命，我也会算命。你想想啊，高墙上种

菜，那不是高中吗？下雨天戴斗笠又打伞，那不是有备无患吗？和心爱的人躺在一起，不是说明翻身的机会就要来了吗？"

于是，秀才精神振奋地去考试，一举高中探花。这个故事告诉我们，凡事都有两面性，应该多从积极乐观的角度去思考。积极的心态是成功的基础，不可因为外界的因素而放弃。运气这东西有时候很关键，但是也不能迷信运气，毕竟成功是需要踏踏实实做出来的，运气是不能长久的。

原文

入门休问荣枯事，观看容颜便得知。
官清书吏瘦，神灵庙祝肥。
息却雷霆之怒，罢却虎狼之威。
饶人算人之本，输人算人之机。

到别人家里不要打听主人得意与否，看看他们的脸色就知道了。当官的清廉，下面听差的就没有什么油水可捞。庙里的神仙灵验，进庙祷告的人就多，庙里的收益也就多了。

暂息雷霆般的怒气，忍住虎狼般的威严，凡事不要发太大的火，也不要耍什么威风。能宽恕别人是做人的根本，能帮助别人也是至关重要的。

历史故事

宰相肚里能撑船

蒋琬是三国时期蜀国著名的政治家。在诸葛亮当政时期，他深受诸葛亮的信任和重用。诸葛亮死后，他继任宰相之位。他处理全局之事，眼界开阔，心胸博大，身居高位，但从不盛气凌人。在蒋琬的治理下，蜀国得到休养生息，后期得以稳定。

蒋琬曾经提拔杨戏为东曹掾，对他特别看重。但是杨戏生性傲慢，性格孤僻，沉默寡言，不喜阿谀奉承，平时也不怎么搭理蒋琬。一次，蒋琬来到办公的地方，众官僚纷纷站起肃立，只有杨戏和平时一样，伏在案上看材料。蒋琬见他工作认真，便上前说话，但杨戏对蒋琬的话不置可否，爱理不理。旁人对杨戏这种目无尊长的作风看不惯，蒋琬却不以为然，说："每个人都有自己的个性，杨戏没有回答我的问题，总比说违心的话好。杨戏不回答我，是有他的为难之处。若表示赞同我的意见，他心里却不同意，若公开表示不赞同，又顾及我的尊严，因此只好沉默不语了。这倒是他爽快的地方，我不会责怪他。"

督农官杨敏，喜欢背后议论人。有一天与同僚们议论起蒋琬来，其他人都说蒋琬好，有的甚至把蒋琬与诸葛亮等量齐观。杨敏很不服气，说道："蒋琬虽然有才有德，但是哪能和诸葛丞相比啊？我看蒋琬有些时候就很糊涂，实在不如诸葛丞相。"有人把这话告诉了蒋琬，蒋琬却一点都没有生气，说："我的能力确实不如诸葛丞相，杨敏没有错。"后来，杨敏因事被捕入狱，人们纷纷议论："杨敏之前得罪了丞相，现在又犯了罪，看来是活不成了。"然而蒋琬在处理杨敏一案时却毫不偏颇，秉公断案，使得杨敏免于死罪。

人们把蒋琬的这种胸怀称作"宰相肚里能撑船"。正是由于蒋琬的平易近人和宽容，才使得蜀国在积贫积弱的情况下仍旧坚持了几十年。

好言难得，恶语易施。
一言既出，驷马难追。
道吾好者是吾贼，道吾恶者是吾师。
路逢险处须当避，不是才人莫献诗。

释文

　　说好话很难，讲坏话却很容易，一句话如果说出口，就无法再收回了。吹捧自己的人是另有目的的人，批评自己的人才是自己的老师。

　　路途上遇到凶险应该绕开，不要硬碰；不是才子，就不要勉强作诗。比喻没有十分的底气和把握，就不要争强好胜。

历史故事

忠言逆耳，良药苦口

　　秦朝末年，项羽和刘邦约定好谁先攻下秦朝的都城咸阳谁就为天下之主。刘邦采用了张良的计策，以迂回的战术避开了秦军的主力，于公元前207年攻占了咸阳。秦王子婴投降，刘邦志得意满，自以为就这样取得了天下，悠然自得地进入秦朝皇宫察看。

　　秦朝皇宫里珍宝无数，美女如云，这让长期在外作战，无暇享受的刘邦感到前所未有的新奇与满足，就产生了好好享用这一切的念头。他被眼前的奢华迷得晕头转向，完全忘却了时局的凶险，心中尽是美女和珍宝，整个人都轻飘飘了。

　　樊哙是刘邦的老部下，他看出了刘邦的心思，就走到刘邦面前问道："主公，您是想做一个富豪，还是要一统天下？"刘邦回答说："当然是统领天下。"樊哙说："秦朝皇宫里珍宝无数，美女如云，这些都是秦朝灭亡的原因啊。还请主公速速返回灞上，千万不要留在宫中。"刘邦根本听不进去樊哙的劝谏，觉得樊哙是小题大做了。

谋士张良知道后，对刘邦说："秦王昏庸无道，百姓起来造反，今天您才有机会站到这里。现在您替天下百姓除掉了暴君，就更应该维护自己的形象，节俭度日了。而您现在刚到秦宫就想享乐，这怎么行呢？忠诚正直的话虽然不顺耳，对行动却是有利的；好药一般都很苦，却能治病。还请主公听从樊哙的话。"

刘邦听后有些触动，心想等到拥有天下之后，眼前的珍宝和美女自不在话下，何必急于一时呢。于是他接受了劝谏，下令封库，关上宫门，返回灞上。有樊哙、张良这样敢于提出忠言的良臣辅佐，而刘邦自己也能接受劝谏，这正是刘邦最终获得天下的一个重要原因。

三人同行，必有我师。

择其善者而从之，其不善者而改之。

少壮不努力，老大徒伤悲。

人有善愿，天必佑之。

释文

三个人在一起，其中必定有我可以学习的人。学习人家的好品行，摒弃别人的坏习惯。

年轻的时候不努力学习上进，等到年纪大了，就只能枉自悲伤。人有善良的愿望，老天都会保佑的。

历史故事

孔子不耻下问

孔子是我国古代伟大的思想家、政治家、教育家，也是儒家学派的创始人，历代统治者都遵奉他为圣人。但孔子认为，一个人的学问不是天生的，是需要不断学习的，因此他从不羞于向别人学习。

卫国大夫孔圉（yǔ）聪明好学，更难得的是他是一个非常谦虚的人。在孔圉死后，卫国国君给了孔圉一个谥号——"文"。孔子的学生子贡却认为孔圉不配有这么高的评价，他问孔子："孔圉的学问和才华虽然很高，但是比他更杰出的人还很多，凭什么赐给孔圉'文'的谥号？"孔子回答说："孔圉非常勤奋好学，脑筋聪明又灵活，而且有任何不懂的事情，就算对方地位或者学问不如他，他都会大方谦虚地向其请教，一点都不因此而感到羞耻，这就是他难得的地方。因此，赐给他'文'的谥号并不会不恰当。"经过孔子的解释，子贡终于服气了。

孔子这样说，他自己也是积极向孔围学习，不耻下问的。孔子为了学习周礼，还曾经到洛阳请教老子。

孔子周游列国，四处讲学，宣扬儒家思想。一天，他正在坐车赶路，发现三个小孩在路中玩。其中一个小孩用沙土堆成了一座城，这个孩子就是项橐（tuó）。车被挡住了，走不了了，可这个小孩就是不让，兴致勃勃地玩着，就像没看见车一样。孔子下车微笑地问道："你看见车来了怎么不让路呢？"小孩抬起头来用大人的口气说："从古到今只听说过车要绕城而过，哪有城要避开车的道理？"孔子听了很是诧异。这小孩如此能言善辩，

而且像成年人一样镇定自若。孔子决定考考他，就一口气提了40多个问题，项橐认真地听完，不慌不忙地全部回答出来，滴水不漏。孔子十分佩服，连说6个"善哉"。

项橐并不知道面前的这个人就是人们所尊敬的孔子，就反问了几个问题，结果孔子一个也答不上来。孔子连连叹道："后生可畏也。"孔子又说："我车中有棋，我们赌一盘吧。"谁知项橐一本正经地拒绝了，还振振有词地说："我不好赌博。天子好赌博，天下就不能太平，天公也不作美；诸侯好赌博，就无心治理国家；官吏好赌博，就会耽误处理文案；农民好赌博，就会错过耕种庄稼的好时机；做学问的人好赌博，就会忘了诗书礼仪；小孩子好赌博，就该挨揍。赌博是无聊无用的事，学它做什么？"孔子听了这番话，由赞赏变成了敬佩。于是他拜项橐为师。从此，7岁的项橐就声名远扬了。而孔子以圣人之身，不耻以孩童为师，其举动也让天下人赞赏。

莫饮卯时酒，昏昏醉到酉。
莫骂酉时妻，一夜受孤凄。
种麻得麻，种豆得豆。
天眼恢恢，疏而不漏。

释文

　　不要一大早就酗酒，昏昏沉沉到晚上，一天都不能正常劳动。不要在晚上骂妻子，这样一夜都会无人照料你。

　　种植麻，收获的是麻；种植豆，收获的是豆。下什么功夫，就会得到什么样的结果。天道广大，但决不会漏掉什么东西。法度无边，决不会放掉一个坏人。

历史故事

腊八粥的由来

　　从前，有一个四口之家，老两口带着两个儿子。老两口非常勤快，一年到头辛勤地种植庄稼，春耕夏除秋收，踏踏实实地过日子，因此，家里的仓库里屯满了粮食。他们家院子里还有一棵大枣树，老两口精心培育，结出的枣子又脆又甜，拿到集市上卖，能卖个好价钱。

　　老两口存粮卖枣，生活渐渐富裕起来，可是他俩仍然紧巴巴地过日子，就希望两个儿子能够成家立业。可是眼看儿子一天天大了，老两口也老得不行了。老父亲临死的时候嘱咐哥俩要好好种植庄稼，老母亲临死的时候嘱咐哥俩要好好保养院子里的枣树，攒钱存粮娶媳妇。

　　但老父母一死，哥俩就把父母临死前的话当成了耳边风。哥

增广贤文

123

哥看着满仓的粮食对弟弟说："咱们有这么多的粮食，足够了，今年歇一年吧。"弟弟说："今年的枣树估计也没什么大问题，就不要照料了，反正咱们也不缺枣吃。"就这样，哥俩越来越懒，越来越馋，只知道吃喝玩乐，没几年就把粮食都吃完了。庄稼早已荒废了，枣树也一年不如一年。

这年到了腊月初八，家里实在没有什么可吃的了。怎么办呢？哥哥找了一把小扫帚，弟弟拿来一个小簸箕，他们到以前放粮食的大囤底部，在缝隙里扫啊扫，从这里扫来一把黄米粒，从那里寻出一把红豆。就这样，五谷各凑了几把，数量不多，种类却不少，最后又找到几枚干红枣，放到锅里一起煮了。煮好后，哥俩就吃起这五谷杂粮凑合起来的粥，彼此对望，才想起父母临终前的话，后悔极了。

哥俩尝到了好吃懒做的苦头，幡然醒悟，痛改前非，第二年就勤快起来，像他们的父母一样辛勤劳动。没过几年，哥俩就过上了富足的日子，娶了媳妇，有了孩子。

为了吸取这哥俩的教训，教人勤劳节俭地过日子，每年的腊月初八，人人都吃用五谷杂粮混在一起熬成的粥。因为这一天是腊月初八，所以又称"腊八粥"。

原文

见官莫向前，做客莫在后。
宁添一斗，莫添一口。
螳螂捕蝉，岂知黄雀在后。
不求金玉重重贵，但愿儿孙个个贤。
一日夫妻，百事姻缘。
百世修来同船渡，千世修来共枕眠。

释文

在觐见官员的时候，不要争风头，要低调，以免招来灾祸。在当客人的时候，千万不要矜持客气，否则就没了好处，是要吃亏的。每个人做什么都要根据自己的身份和情况而定。

宁可为家里多添一斗粮食，也不要饱后再加一勺饭，做人要

增广贤文

勤俭节约。

当你在前面干某种事情的时候，很有可能有人早已经在后面盯着你。做事一定要瞻前顾后，以免吃亏。

不求金银财宝越多越好，但愿子孙个个都有出息。夫妻的缘分来之不易，两个人要恩爱，要懂得珍惜。百世才修得来同船而渡，千世才修得来两个人的婚姻，如此来之不易，应当好好保护和珍惜。

历史故事

苏轼与王弗的夫妻情

苏轼是北宋著名的文学家，豪放派的代表人物，他是典型的性情中人。他与妻子王弗之间的夫妻情，经久不改，矢志不渝，历来被后人所羡慕、称颂。

苏轼年轻的时候曾经在中岩书院读书，当时是由乡贡进士王方执教。苏轼才华横溢，出类拔萃，且聪明好学，王方对他十分喜爱。

王方的女儿王弗是一名才女，她常听父亲说起眉州少年苏轼如何聪明机智，心中颇有好感，但又不便过于显露。一次苏轼在山水间静思，正好遇见王弗。王弗见苏轼英气勃勃，十分钟意，而苏轼见王弗轻盈飘逸，双眸如星，闪烁着少女的娇态，也是心向神往。

不久，苏轼与同窗为老师王方祝寿，喝酒喝多了醉倒在老师家中。半夜起来，独自来到后院，看见正在临窗梳头的王弗，他从怀里摸出从山上带来的一朵花，轻轻投进窗去。王弗一惊，心跳不已，此时无声胜有声。

中岩附近有绿水一泓，十分雅致，王方遍请文人为此水取名。苏轼题名"唤鱼池"，众人皆拍手称赞。而王弗也送来了她的题名，正是"唤鱼池"三个字。众人惊叹"不谋而合，韵成双璧"。王方自然不会不明白女儿的意思，他也是个开明的人，于是就请人做媒，将王弗许配给了苏轼。这年，苏轼19岁，王弗16岁。

苏轼与王弗志趣相投，夫妻生活充实而圆满。当时，苏轼年轻气盛，而王弗也时不时提醒丈夫要谦虚，不要过于高傲。苏轼对王弗，可以说是极尽疼爱，千依百顺。他总觉得自己有惊世的才华，又有如此的贤妻，真是前世修来的福气。

后来苏轼中了进士，外出为官，继而赴京城为官，王弗也跟随进京。可是不久，王弗却不幸病故。当时苏轼的仕途并不顺利，再加上爱妻亡故，他每日消沉，思念王弗，不能自拔。之后的几十年里，苏轼的人生以及仕途都历经沉浮，大起大落，不管

增广贤文

得志还是落魄的时候，苏轼从未忘记过王弗，也从来忘记曾经花前月下的情投意合。后来苏轼再娶，娶的是王弗的妹妹，世人皆知苏轼的情意。对爱妾朝云，苏轼也十分喜爱，但终究比不上对原配王弗的那种深情。

王弗死的时候，苏轼含泪写了《亡妻王氏墓志铭》，第二年亲自送王弗的灵柩千里回四川安葬。王弗去世十年后，苏轼正处于人生的低谷，他在梦中回到中岩，回到与王弗最初相见的地方，醒来伤感不已，写了一首《江城子》：

十年生死两茫茫，不思量，自难忘。千里孤坟，无处话凄凉。纵使相逢应不识，尘满面，鬓如霜。

夜来幽梦忽还乡，小轩窗，正梳妆。相顾无言，唯有泪千行。料得年年肠断处，明月夜，短松冈。

为人处世小贴士（七）

1. 待人以诚，处世以信

中国古人非常讲究一个"信"字，有时候甚至看得比生命还重要。什么是"信"，简而言之就是说到做到，决不食言，不欺骗、不戏弄别人。大家一定听过"狼来了"的故事，不讲信用的小孩的下场就是被狼吃掉。现实生活中不讲信用或许不至于丧命，但是会降低别人对你的信任，久而久之，任何人都会疏远你。孤独的人，注定成不了大事。

2. 努力读书，奋发图强

任何人成材总免不了一个读书求知的过程，因为没有人可以随随便便就成功，有知识和经验的积累，做起事来才会事半功倍。在孩童少年阶段，我们都会读书学习，有时候可能会觉得很麻烦很累，可是这对于将来的人生是有益的，如果一个人连字都不认识，连基本的道理都不懂，又如何在社会上打拼呢？更别说获得成功了。

3. 戒骄戒躁，戒嗔戒怒

任何太过激动的情绪对人的身体都是有害的，尤其是怒，对肝脏有很大的损害。而且易怒的人脾气暴躁，做事激动，容易做出过分的事，说出伤人的话，会在不经意间伤害到身边的人，还会失了自己的风度。一个气质儒雅的人，一定是一个性格随和、平易近人。

一、你来连

曹雪芹　　　　　　　夫妻情深

郭伋　　　　　　　　心胸宽广的宰相

苏轼、王弗　　　　　一代文学巨匠，著有《红楼梦》

蒋琬　　　　　　　　言而有信的君子

二、你来选

1. 下列说法错误的是（　　　　）。

　　A. 郭伋为人讲究诚信，对小孩子都不愿食言。

　　B.《红楼梦》是曹雪芹在生活极其困顿的情况下完成的。

　　C. 蒋琬畏惧杨戏、杨敏，所以对于他们的非议不敢多说什么。

　　D. 作为君主，刘邦是善于接纳部下的意见的。

三、你来答

1. 你一定读过苏轼的诗和词吧，你觉得苏轼是个什么样的人？看了他和他妻子的故事后，你对他的印象有什么变化吗？

杀人一万，自损三千。
伤人一语，利如刀割。
枯木逢春犹再发，人无两度再少年。
未晚先投宿，鸡鸣早看天。

释文

　　伤害到别人的同时，自己也会受到损失。一句伤人的话，就好像利刀一样割刺别人的心，实在是不应该啊。

　　枯木到了下个春天还会再次发芽，但是人一旦老了就永远不会恢复年轻了，所以要珍惜现在的时光。

　　出门在外，第一件事是要先找到休息的地方。早起床，不要误了时间，误了正事。

历史故事

鹧鸪与捕鸟人的故事

　　一只鹧鸪在树林间蹦蹦跳跳地玩耍，偶尔飞到地上捕食一些小昆虫。阳光洒在它的身上，暖意融融，鹧鸪高兴地唱着歌。可是就在这个时候，一个捕鸟人悄悄走到它的身后，支起一张捕捉它的网。可鹧鸪没有发觉，仍起劲地唱着。只听"啪"的一声，张开的网落了下来，把鹧鸪严严实实地罩住了。鹧鸪大吃一惊，想要逃跑，可是翅膀已经被网缠住，怎么也飞不起来了。就这样，鹧鸪成了捕鸟人的猎物。

　　捕鸟人兴冲冲地回家，准备把它炖了，美餐一顿。鹧鸪又伤心又害怕，不住地哀求捕鸟人："善良的捕鸟人，请求你饶了我吧。您看我是多么幼小的生命，您怎么忍心把我吃掉呢？"捕鸟

增广贤文

人看它确实可怜，也不禁心软了，又看鹧鸪十分漂亮，杀了实在太可惜。不过如果不杀鹧鸪，自己又拿什么填饱肚子呢，捕鸟人有些为难了。

正在捕鸟人犹豫不决的时候，鹧鸪进一步讨好捕鸟人说："先生，您还是放了我吧，我可以帮你获得更大的好处，因为我回去可以引诱更多的鹧鸪来让你捕捉，以报答您对我的不杀之恩。"说完，鹧鸪以为捕鸟人一定会欣然答应，是个正常人，都会算这笔生意。这话却激怒了捕鸟人，他生气地说："我本来倒真想把你放了，可是现在又改变主意了。因为你是一只心眼不好的鹧鸪，为了自己能够活命，竟然不惜陷害自己的同类，这样的败类留着你有什么用！"

最终，这只鹧鸪没能逃过一劫。

原文

将相胸前堪走马，公侯肚里好撑船。
富人思来年，穷人思眼前。
世上若要人情好，赊去物件莫取钱。
死生有命，富贵在天。

释文

　　将相大多心胸宽广，宰相的肚里也能撑船，肚量大。

　　富裕的人眼前无忧，考虑得长远。贫穷的人自给自足都难，所以常考虑眼前。如果你想要得到好的人缘，除非你把东西给别人不要钱，指要敢于吃亏。

　　人的生命是命里注定的，富贵是上天安排的。（编者注：指人要安于天命。这种思想其实是消极悲观的，人应该努力奋斗，去实现自己的价值才对。）

舍与得

民间传说一个人死后，离开阳间到阴曹地府时会见到阎王爷，接受重新发落。如果这个人生前好事做的多，就仍然转世为人。若是没做过好事，就只能转世为动物。假如是做过坏事的，就不能转世了，只能在阴间做鬼。坏事做得太多的则要经历更残酷的惩罚。

有两个人死后来到阴间，战战兢兢地等候阎王爷的发落。阎王爷拿起《功过薄》查看这两个人生前的行为，过了一会儿说道："你俩在世时没有做过什么坏事，准许你们转世为人。"

两个人十分高兴，不过阎王爷又问道："现在有两种人家的生活给你们选，一种是'舍'，一种是'得'。"

其中一个想了想，说："'得'好啊，别人都给予我。"于

是他选择了"得"的生活。阎王爷对另一个人说："那你只能过'舍'的生活了，要放弃，要付出。"这个人回答说："只要能转世为人，我愿意。"

于是，阎王爷送这两人转世为人。

想要"得"的生活的那个人，确实每天都可以接受别人的付出和赠予，而他自己却不能给别人什么，因为他只是一个乞丐。而选择"舍"生活的那个人总是在付出、放弃，帮助别人，因为他是一个乐善好施的富人。

人生有时就是这么奇妙，"舍"和"得"是不可以兼得的，但是二者是可以相互转化的，凡事有"舍"才有"得"。

原文

> 击石原有火，不击乃无烟。
> 为学始知道，不学亦徒然。
> 莫笑他人老，终须还到老。
> 但能依本分，终须无烦恼。

释文

　　两块石头相碰击就会冒出火星，不去碰击连烟都不会冒。一切都是有原因的。人只有学习才会明白事理，不学习什么都不会知道。

　　不要笑话别人老，自己终有一天也会变老的。只要本分做人，一生都不会有烦恼。

民间故事

机智的老者

从前有一个老者，他聪明豁达，对什么事都看得开，每天笑口常开，健健康康，将近百岁的人了，走路依然健步如飞，精神矍铄。

老者百岁大寿的那天，子孙给他办了一场十分隆重的寿宴，把四乡八里的亲朋好友都请来了，场面很大，毕竟能活到100岁的人不多。老者也很开心，笑得合不拢嘴，站在门口迎接客人，一点都没有倦态。

寿宴完，按理晚辈要给寿星磕头。一个年轻人很是看不惯这样的场面，他觉得一个一只脚已经踏进棺材的人根本没必要受到这样的尊重。人生无常，说不定第二天老者就突然死了呢，世界终归还是年轻人的。

抱着这样的心态，年轻人带着不屑和诡异的笑容走到老者的跟前，握着老者的手说："老大爷，真希望明年这个时候还能见

到你。"这话刚说完，现场热闹的气氛顿时凝重了。这分明是在诅咒老人活不到明年生辰嘛，许多人都在心里暗骂这个年轻人不明事理，老者的儿子甚至要出手打这个年轻人。年轻人却得意地笑着，心想：我又没说让你死，我只是实话实说而已。

老者的面部表情居然没有半点变化，依旧微笑着，他抚着年轻人的头说："年轻人，要对生活充满信心，你这么年轻，身体这么好，肯定还有很多远大的理想要去实现。我相信你一定可以活到明年这个时候的。到那时，我相信你一定不会像今天这么无礼的。"众人愣了愣，突然都哈哈大笑，年轻人更是无地自容，悻悻地走了。大家无不佩服老者的豁达和机智。

原文

君子爱财，取之有道。
贞妇爱色，纳之以礼。
善有善报，恶有恶报，
不是不报，日子不到。

释文

大凡正常人，没有不喜欢财富的，但是财富要来得正当，不可为了钱财而做违背道义礼法的事。对于出色守节的妇女，要引导她们进入礼教的规范。

做善事总会有好的回报，做坏事也终究会有报应。不是没有报应，只是早晚罢了。

民间故事

鸽子与小蚂蚁的故事

在森林的一头，住着一只勇敢的蚂蚁。一天，蚂蚁决定到森林的那边去游历。它走啊走，沿途的风景迷人，小蚂蚁看得都陶醉了。

走了半天，小蚂蚁累了，渴了，想喝水，正好看见前面有个池塘，就赶快奔了过去。可因为太急了，一不小心滑进了水中。小蚂蚁一下慌了手脚，高喊："救命啊！"

池塘边的大树上住着一只鸽子，它听见了蚂蚁的呼救声，急得围着树团团飞，却不知道如何是好。突然，它急中生智，摘下一片树叶，丢给蚂蚁，叫道："快，快点抓住树叶，爬到上面去！"蚂蚁爬到树叶上，终于脱离了危险。它感激地对鸽子说道："谢谢你，鸽子，以后有机会我一定会报答你的救命之恩的。"鸽子笑着说不客气。它心里想：我就算遇到危险，恐怕这小蚂蚁也救不了我。

增广贤文

有一天，小蚂蚁准备来找鸽子玩，它看见鸽子正在睡觉，不忍心吵醒它，就在树下等着。忽然，一个猎人出现了，他掏出弓箭，准备射杀树上的鸽子。蚂蚁心里急得不得了，它扯开嗓子要喊，可是已经来不及了。刚好猎人就在蚂蚁跟前，于是勇敢的蚂蚁张开嘴，对准猎人的脚趾狠狠地咬了下去。猎人正在瞄准放箭，忽然感觉到脚上一阵剧痛，身子一晃，射出去的箭偏离了方向，从鸽子的身边擦过。鸽子幸免于难，惊醒了。

树下的蚂蚁提醒鸽子赶紧飞走，猎人看没机会了，就走了。鸽子想不到自己的举手之劳也能换来今天蚂蚁对它的报恩。它十分感动，从此就和蚂蚁成为了好朋友。

原文

人而无信，不知其可也。
一人道好，千人传实。
凡事要好，须问三老。
若争小可，便失大道。

释文

一个人，如果说话做事不讲信用，那谁也不知道他还有什么事可以做好。一个人说的情况，不管是真是假，经过很多人一传，就跟真的一样了。

想要做好一件事，要先向有道德有学问的人请教。（三老：指古代专门管教化的乡里官员。）

如果在一些小事情上争论不休，那么就会失去人的理智，失去风度。

三人成虎

《韩非子》里讲过一个"三人成虎"的故事，比喻谣言重复述说，就能使人信以为真了。

魏国大臣庞葱，将要陪魏国太子去赵国作人质，临行前他对魏王说："现在有一个人来对您说集市上出现了老虎，大王会相信吗？"魏王说："我不相信。"庞葱说："如果又有一个人来对您说集市上出现了老虎，大王相信吗？"魏王说道："这我就有点将信将疑了。"庞葱又说："这时候如果有第三个人来对您说集市上出现了老虎，大王你信不信？"魏王说："我当然会相信了。"

庞葱说："集市上是不可能会有老虎的，这是很明显的事。可是经过三个人一说，就好像真的有老虎了。现在赵国国都邯郸

距离魏国国都大梁比这里的集市远多了，只怕我走之后议论我的人远不止三个。希望大王可以明察秋毫。"魏王说："一切是非，我定能判断。"

可是庞葱走了之后，诽谤他的人太多了，等到庞葱陪太子回国后，魏王再也没有召见他。在中国历史上的很多朝代，忠臣往往敌不过奸臣的诽谤。人言可畏，说的就是这个道理。我们在日常生活中，要做到不道听途说，不造假话，不传假话。

原文

年年防饥，夜夜防盗。
学者如禾如稻，不学者如蒿如草。

释文

每年都要防止饥荒，每天夜里都要防备盗贼，凡事都要慎重，不可马虎。

学习的人，就像庄稼一样十分有用；不学习的人，就像蒿草一样只能当做柴火来烧。

历史故事

霍光不学无术

霍光是西汉时期的重臣，他深得汉武帝的信任。汉武帝临死前把幼子刘弗陵（汉昭帝）托付给霍光。昭帝去世后，霍光又立刘询做皇帝，也就是汉宣帝。霍光作为三朝元老，掌握朝政大权40多年，可谓权倾一时。他为人耿直，为西汉立下了不小的功勋，可惜他不学无术，没有管理好家人，致使晚节不保。

汉宣帝即位后，立许妃做了皇后。而霍光的妻子霍显是个贪图富贵的女人，她想让自己的小女儿成君嫁给宣帝做皇后。霍显心生毒计，铤而走险，她趁许皇后生病的机会，买通宫中女医下毒害死了许皇后。毒计败露后，女医下狱，招出了霍显。

霍光直到事发都不知道这件事。等到事情出来了，霍显才告诉他。霍光非常恐惧，他指责妻子不应该做出这种事情。他想告发，但又不忍心妻子被治罪，前思后想，还是把这件伤天害理的事情给隐瞒了下来。

霍光去世后，就有人向宣帝告发此案，宣帝立即派人调查处理，查出了真相。霍显知道后与家人、亲信商量对策，决定召集族人策划谋反，却不想事情走漏了风声。宣帝派兵将霍家包围，满门抄斩。一代名门，竟落得如此下场。

东汉史学家班固在《汉书·霍光传》里评论霍光的功过时，说他"不学亡术，暗于大理"。意思是说霍光不读古书，不明白

关乎大局的道理。假使当初他主动向宣帝承认错误，霍家也不致于落得那般凄惨的结局。

原文

遇饮酒时须饮酒，得高歌处且高歌。
因风吹火，用力不多。
不因渔父引，怎得见波涛。

释文

　　遇到该饮酒的时候不必推辞，应该放声高歌的时候也不必矜持。人生就要及时行乐，有太多的顾忌反而不好。借着风的火，不用费很大的力气就燃烧得很旺，要善于借助外在的力量。没有渔父的指引，就看不见波涛，凡事要多听前辈的指引。

历史故事

豁达的苏轼

　　苏轼是中国文学史上的一代巨匠，文风潇洒、飘逸、豪放，他的人生和仕途虽然历尽波折，但他一直保持乐观豁达的人生态度，从未丧失希望，丧失生活的情趣。

　　"乌台诗案"是苏轼人生中最大的灾难，他被奸臣陷害，几乎被定死罪。起初，苏轼也是惶惶不可终日，但是后来他看淡了。他写了给家人和给弟弟苏辙的遗书后，就释然了。每天在牢里吃完睡，睡醒了吃。后来经友人相助，皇帝回心转意，才免于一死，被外放黄州。

　　在黄州的时候，苏轼的境遇十分落魄，经济上拮据，政治上又受到管束，但是他仍以自己的方式潇洒人间。他在朋友的帮助下求得黄州东门外东坡故营地数十亩，开垦荒地，躬耕田间，从此自号"东坡居士"。他亲自建造三间小屋，取名雪堂。雪堂的墙上有苏轼亲笔画的森林、河流和渔父的雪景，后来这里成为他接待客人的地方。在这里，苏轼完全成了一个农夫，筑水坝，挖鱼塘，栽花种菜，培植庄稼，好像忘记了曾经的挫折，每天都开开心心的。

在黄州，苏轼还写过一首著名的打油诗，叫《猪肉颂》：

净洗锅，少著水，柴头罨烟焰不起。待他自熟莫催他，火候足时他自美。黄州好猪肉，价贱如泥土。贵者不肯吃，贫者不解煮。早晨起来打两碗，饱得自家君莫管。

这里说的就是后来著名的东坡肉了。苏轼在那样的情况下，还能有这样的闲情逸致，实在是让人佩服。后来苏轼任杭州太守，为政有业绩，备受爱戴，这"东坡肉"也跟着名噪杭州，成为当地的一道名菜。

每个人的人生都不可能一帆风顺，我们要学会适当的自我调节。快乐就是这么简单，完全可以由自己去创造。

为人处世小贴士（八）

1. 追求卓越，切莫伤人

任何人都渴望成功，但是通往成功没有第二条路可走，只能通过自己的努力，抓住机遇，踏踏实实做事。损人利己是不可取的，这样的成功是不道德的，是遭人鄙视的，也是注定不会长久的，一个品德拙劣的人根本不配拥有成功。

2. 人生际遇，有舍有得

人们在得到一样东西的时候通常是开心的，可是在失去某样东西的时候通常会有些失落，这是人之常情，但我们不能被这种情绪所左右。舍得舍得，有舍才有得，就像钓鱼，必须先付出鱼饵，才能收获鱼，又比如做生意，付出了本钱，才可能收获丰厚的利润。与人相处，你付出诚心，收获的是宝贵的友谊。在大多数情况下，你得到的不会少于你付出的。目光短浅的人固然不会吃亏，不会失去什么，但他们永远也不会有大的收获，自然也一事无成。

3. 尊老爱幼，不可断绝

任何人都有年幼的时候，也都有年老的时候，尊老爱幼是中华民族的传统美德，应该发扬光大。老年人是值得尊敬的，他们是前辈，有着丰富的人生经历。不尊重老人的人等将来自己老了时，必然也被人所遗弃。敬老也是一种美德，是一种文明的传承，是值得全社会提倡的，我们每个人都要尊敬长辈。

一、你来选

1. 下列说法错误的是（　　　　）。

A. 捕鸟人最终没有放过鹧鸪是因为他实在是太饿了。

B. 年轻人对老者出言不逊，最终反被老者所调笑。

C. 蚂蚁虽然力量小，但也能救鸽子一命。

D. 霍光处理不好自己的家事，管不好自己的老婆，最终给家族带来祸害。

二、你来答

1. 一心想着"舍"的人最终成了乐善好施的富人，而一心想着"得"的人最终成了向别人伸手过活的乞丐，对此，你有何感想？

2. 一只小小的蚂蚁，在我们看来它是微不足道的，而它却能救鸽子一命，对此你有何感想？鸽子只是很简单地摘了一片树叶给蚂蚁，蚂蚁却非常感恩，你从这个故事中得到了什么启示呢？

无求到处人情好，不饮从他酒价高。
知事少时烦恼少，识人多处是非多。
入山不怕伤人虎，只怕人情两面刀。
强中更有强中手，恶人须用恶人磨。
会使不在家豪富，风流不用着衣多。
光阴似箭，岁月如梭。

释文

　　你不有求于人的时候，到哪都人情很好。如果不饮酒，又何必管他酒价的高低呢。知道的事少，烦恼就少。认识的人多，是非就多。进山不怕能伤人的老虎，只怕那些虚伪的人情，两面三刀，让人捉摸不透。

　　厉害的人之外自有更厉害的，而坏人必须由坏人用武力来对付。

　　真正的富豪不会把财富放在家里，漂亮的人不在乎穿什么衣服。光阴飞快，就像射出的箭，日月走得就像织布机上的梭，时间是不等人的。

历史故事

百步穿杨

　　春秋时期，楚国有个著名的弓箭手，名叫养由基。养由基年纪轻轻就勇猛过人，练得一手好箭法。当时楚国还有一个名叫潘虎的勇士，也很擅长射箭。一天，两人准备在场地上比试射箭，许多人都围着观看。

　　射箭的靶子设在五十步外，那里撑起一块板，板上有一个红心。潘虎拉开强弓，一连三箭都正中红心，众人一阵喝彩。养由基不以为然，他环视四周，说："五十步太近了，还是射百步外的柳叶吧。"说罢，他指着百步外的一棵杨柳树，叫人在树上选一片叶子，涂上红色作为靶心。接着，他拉开弓，"嗖"的一声，箭正好贯穿这片杨柳叶的中心。在场的人都惊呆了。

潘虎自知没有这样的水平，但是他也不相信养由基这么神奇。于是他走到那棵杨柳树下，选择了三片树叶，在上面用颜色编上号，请养由基再射。养由基向前走几步，看清了编号，然后退到百步之外，拉开弓，"嗖"、"嗖"、"嗖"三箭，分别射中了编上号的柳叶。这下喝彩声雷动，潘虎也心服口服。

就在这一片喝彩声中，一个人冷冷地说："你有了百步穿杨的本领，可以做我的徒弟了。"养由基听此人口气这么大，生气地转过身去问道："你准备怎样教我射箭？"那人平静地说：

增广贤文

"我并不是来教你怎样射箭的，而是来教你怎样保持名声的。你是否想过，一旦你的力气用尽，只要一箭不中，你那百发百中的名声就会受到影响。一个真正善于射箭的人，应该谦虚，注意保持名声。"养由基听了这话，觉得很有道理，再三向他道谢。

原文

天时不如地利，地利不如人和。
黄金未为贵，安乐值钱多。
世上万般皆下品，思量唯有读书高。
世间好语书说尽，天下名山僧占多。
为善最乐，为恶难逃。
羊有跪乳之恩，鸦有反哺之义。

释文

　　时机好不如占据有利的地理条件好，但只要人心团结，就可以胜过一切，没有办不成的事。黄金并不是最可贵的，安静快乐的生活才是最重要的。世界上的一切都是次要的，只有读书才最重要，最高尚。世界上的好话都让各种书籍说尽了，天下的名山都让僧侣占去了。

　　多做善事的人会从内心生出一种快乐，而作恶的人终究罪责难逃。羊羔有跪下接受母乳的感恩举动，小乌鸦有衔食喂母鸦的情义，禽兽都知道报父母之恩，人更应该恪尽孝道。

历史故事

郑庄公掘地见母

　　春秋时期，郑庄公也算是一个很有作为的君主，他当政时期的郑国是当时的强国。郑庄公名寤生，就是难产而生的意思。因为他母亲在生庄公的时候吃尽了苦头，所以不喜欢他。

后来，庄公的母亲武姜又生了个小儿子，叫段。段长得一表人才，且武艺高强，让武姜很是喜欢。武姜多次劝说庄公的父亲将王位传给段，但是庄公的父亲以为庄公并没有犯什么大错，且有雄才伟略，最终在临死前还是将王位传给了寤生，也就是郑庄公。而段只分到了一个城。

郑庄公即位后，答应母亲的要求，将京城封给了弟弟段。而段在母亲武姜的怂恿下得寸进尺，又用武力强制占领了更多的城池，其造反之心，人尽皆知。大臣们都劝庄公出兵讨伐，但是庄公不忍心。他说："如果我出兵，母亲一定会不高兴，百姓也会嫌我气量小的。"

增广贤文

后来，有人给庄公献了一计。庄公假装要去洛阳朝拜天子，武姜知道这个消息后十分高兴，认为时机成熟，立刻写信告知在京城的儿子段在五月起兵。可她的信刚送出就被庄公的手下拦截。接着，庄公又派人冒充信使给段送信，并且要了回信，这下就抓住了段造反的证据。

庄公很轻易就平定了段的叛乱，段兵败自杀身亡。庄公十分伤心，他想不到自己的弟弟和母亲会联手害自己，他向他母亲发誓："除非我死了到地下，否则我一辈子都不会再见你这个坏母亲了。"

说完这话之后，庄公就有点后悔了。毕竟人都是有感情的，更何况那个人是自己的母亲。母亲再怎么坏都是那个生下自己的人，没有母亲，自己又怎么可能来到这个世上。但是庄公贵为一国之君，又不好意思反悔。

当时有一个大臣叫颍考叔，看出了庄公的心事。他对庄公说："既然你说到地下才会与母亲相见，那就在地下挖个洞，造间房子，把你母亲接去住，然后你就可以与你母亲相见了。这样既没有违背自己的誓言，又不有违孝道。"庄公觉得这个办法很不错，立刻派人去实行，最后在地下见到了自己的母亲武姜。庄公向母亲诉说悔恨之意，又拜倒在地向她赔罪。最终还是舍不得母亲住在地下，顾不得什么誓言，把母亲接进了王宫。郑国百姓无不称赞郑庄公的孝心。

原 文

你急他未急，人闲心不闲。
隐恶扬善，执其两端。
妻贤夫祸少，子孝父心宽。

既坠釜甑，反顾无益。
反覆之水，收之实难。
人生知足何时足，人老偷闲且是闲。
但有绿杨堪系马，处处路通长安。

有些事你着急他未必着急，人可以闲下来，但是心难以闲下来。不要老是讲别人不好的地方，要多想想别人的好。

家里有贤惠的妻子，丈夫的烦心事就会少。如果儿子孝顺，父亲就可以放宽心了。

落到地上的釜甑，已经无法挽回了，反悔也没什么用处了。已经泼出去的水，就再也收不回来了。

人一辈子也不会知足，老了能挤点时间就挤点时间清闲一下。哪里都有拴马的树，条条路都可以通向长安城。世上没有能难倒人的事，只要肯花功夫。

历史故事

只要功夫深，铁棒磨成针

唐朝大诗人李白，幼年的时候不喜欢读书，尤其是那些经史，他觉得那些书既深奥又枯燥。有时候他一时读不懂便没了兴致，丢下书，逃学出去玩。

一天，李白一边闲游闲逛，一边东瞧西看，漫不经心。他看见一位老奶奶坐在磨刀石的矮凳上，手里拿着一根很粗大的铁棒，在磨刀石上一下一下地磨着。老奶奶神情专注，以至于李白在她跟前蹲下她都没有察觉。

李白不知道老奶奶在干什么，便好奇地问："老奶奶，您这是在做什么呀？""磨针。"老奶奶头也没抬，简单地回答了李白的问题，依然认真地磨着手里的铁棒。"磨针？"李白觉得很

不明白，他看到老奶奶手中拿的分明是一根粗大的铁棒啊，怎么是针呢？李白忍不住又问："老奶奶，针是非常细小的，而您磨的是一根粗大的铁棒呀！"老奶奶边磨边说："我就是要把这根铁棒磨成细小的针。""什么？"李白有些意想不到，他又问，"这么粗大的铁棒能磨成针吗？"这时候，老奶奶抬起头来，望着小李白语重心长地说："的确，铁棒又粗又大，要把它磨成针很困难，可是也不是完全没有希望的。我每天磨呀磨，总有一天我会把它磨成针的。孩子，只要功夫深，铁棒也能磨成针啊！"

李白是个悟性很高的孩子，他听了老奶奶的话，一下子就明白了许多。读书也是这样，难免有不懂的地方，但只要坚持多读，总会读懂的。想到这，李白赶紧回到学堂，认真地读起书来。后来，李白就成了名垂青史的大文豪。

见者易，学者难。
莫将容易得，便作等闲看。
用心计较般般错，退步思量事事难。
道路各别，养家一般。

有些事情，在旁边看人家做好像很容易，但真正自己去做，就很难了。不要把容易得来的东西看成是平常的事，因为里面蕴藏着心血和汗血水。只要用心想一想，世上的事情错综复杂，没有不难的事。任何事都需要我们小心去应付，谨慎去思考。每个人走的道路各有不同，但维持生活的道理都是一样的。

徐悲鸿三顾草庐

1929年秋，近代画家、美术教育家徐悲鸿出任北京艺术学院院长。他深知只有优秀的师资，才能培养出优秀的学生，为此他十分用心地物色遴选教授。他很想聘请一个人，那就是齐白石。

齐白石少年学画，经过半个世纪的刻苦勤练和不懈努力，终于跻身画坛大家的行列。齐白石于1929年开始定居北京，专门卖画刻印。徐悲鸿一向十分赞赏他的人品和画技，称他是真正的艺术大师。

9月初的一天，徐悲鸿来到齐白石的寓所西单跨车胡同。问候过后，徐悲鸿道明来意，提出请齐白石到艺术学院任教。齐白石婉言辞谢，说："承蒙徐院长看得起，只是老朽年过花甲，耳朵和眼睛都不灵光了，恐怕不能从命，不过您的好意我心领了。"

徐悲鸿立刻回道:"高校的教授中,年过古稀之年的都大有人在,更何况齐先生老马识途,阅历深厚,一定可以给年轻人指导点拨的。"虽然这么说,但齐白石还是推辞了,他说:"教授职责重大,还是另请高明的好,以免误人子弟。"

两天后,徐悲鸿再次登门拜访,又是盛情邀请,可齐白石依旧以年老为由推辞了。

过了些时日,徐悲鸿仍不放弃。一天,下着大雨,徐悲鸿又来到齐白石的家,表达了自己的意思。齐白石感动之余,坦诚

地说明了自己的心意："我年纪大是一回事，另外老朽是木工出身，从来没有进过正规的讲堂，接受过正规的教育。要我做教授，确实是缺乏经验，教得不好，又惹人非议，又怕学生捣蛋调皮，恐怕连课都上不成啊。"徐悲鸿劝道："先生的顾虑十分在理，但是这完全不成问题。教授的资格，在于真才实学，不计较出身，有些留过洋的人不也是徒有虚名吗？齐先生的画融合传统写意和民间绘画的表现技巧，艺术风格独特，您不仅能教学生，也可以教我徐悲鸿啊。"

"不敢，不敢，徐院长太谦虚了。"齐白石摇手不迭。

"我说的都是实话，并没有奉承您的意思。"徐悲鸿接着保证说，"齐先生上课，不必长篇大论，只要作画时稍加要领提示即可。开学之初，我陪您上课，为您护驾，以防个别学生不守纪律。"

齐白石听后非常感动，终于答应试一试。

徐悲鸿没有食言，开学那天亲自去接齐白石，向全校师生郑重介绍齐白石的高超造诣。考虑到齐白石年老，徐悲鸿还给了他多方面的照顾：冬天在讲台边生个火炉，夏天又给他装个电风扇，刮风下雨，又派专车接送，可以说是无微不至。而齐白石的任教，也着实为北京艺术学院增色不少。

原文

从俭入奢易，从奢入俭难。
知音说与知音听，不是知音莫与谈。
点石化为金，人心犹未足。
信了肚，卖了屋。

增广贤文

从勤俭到奢侈、享受是很容易的，但是想要从奢侈再到艰苦朴素中去就很难适应了。

知心的话只说给能了解的知音听，不理解你的人说了也是白说，还不如不说。人的贪婪是没有尽头的，就算把石头变成金子，有些人还不满足。要是由着自己的肚子，就算把房子卖了也无济于事。

历史故事

荆轲与高渐离的生死之交

荆轲是战国末期的豪侠，高渐离是他的好朋友。高渐离擅长击筑（筑是古代的一种乐器），两人常常在集市喝酒，高渐离奏乐，人称"燕市悲歌"。后来，荆轲被燕国太子丹看中，派他去刺杀秦王。高渐离知道荆轲此去凶多吉少，在易水之滨为他送行，唱"风萧萧兮易水寒，壮士一去兮不复还"。

荆轲刺杀秦王失败后，高渐离隐姓埋名，藏在一个富人的家里当帮佣。有一次，他家主人宴请宾客，酒席间有客人击筑助兴。高渐离听到了筑乐，勾起了往日与荆轲的回忆。高渐离非常专业地评价了演奏者的技艺，受到了赏识，主人也让他表演了一番。高渐离技惊四座，从此大名远播。秦始皇听说了高渐离的大名，就召他进宫表演。高渐离答应了。但是秦始皇知道高渐离是荆轲的好朋友，就派人弄瞎了他的双眼，这才放心让他击筑。

高渐离的筑，是乐器，也是武器。他在筑的中空处灌了铅。高渐离时刻都不忘荆轲的仇，想着要刺杀秦王，为荆轲报仇。一次，高渐离趁秦王听筑着迷不留意的时候，奋起用灌铅的筑击打秦王。可惜被发现，功亏一篑，没有成功，最终自己也丧命了。

他人观花，不涉你目。
他人碌碌，不涉你足。
谁人不爱子孙贤，谁人不爱千钟粟。
莫把真心空计较，五行不是这题目。

增广贤文

与人不和，劝人养鹅。
与人不睦，劝人架屋。

花花世界，纷纷繁杂，要当做没看见。他人忙忙碌碌，与我无关。做事要专心致志，不轻易受外界的干扰。

哪个人不希望自己的子孙贤明孝顺，又有哪个人不爱财，不想家财万贯呢。不要花心思去计较和操劳，儿孙自有儿孙的福气。

与人不和睦，就想想养鹅的道理和盖屋子的道理，因为鹅都是成群的，盖屋子需要许多人的力量共同完成。任何一个人总会有有求于人的时候，要给自己留点后路。

民间故事

三只小乌鸦的故事

在海中的一个孤岛上，住着一只母乌鸦和三只刚出生不久的小乌鸦。小乌鸦在母亲的呵护下一天天成长。可是由于气候变迁，天气骤冷，母乌鸦意识到必须在几天内把小乌鸦全部带回海的那一边，否则他们将不能存活。但是小乌鸦们根本没有能力飞翔，更不用说这么长的路途了。母乌鸦只好一只一只地把他们带往海的那一边。

母乌鸦带着第一只小乌鸦飞过大半个旅程后，渐渐感到体力不支，快要坚持不住了。于是，母乌鸦问第一只乌鸦："等我老了，你会侍奉我吗？"小乌鸦害怕被海水淹死，急忙答道："当然会，我会全身心去侍奉您的。"母乌鸦叹了口气，坚持不住了，松开爪子，小乌鸦被浪卷走了。

母乌鸦飞回鸟巢，带着第二只小乌鸦启程了。在母乌鸦体力不支时，问了同样的问题。第二只小乌鸦也怕被淹死，急忙答

道："会的会的，我会一直侍候您到老的。"母乌鸦叹了口气，终于还是体力不支，第二只小乌鸦也被大海吞没了。

只剩下最后一只小乌鸦了，母乌鸦再次问了那个问题。小乌鸦不紧不慢地说道："不会。""为什么呢？"母乌鸦反问说。小乌鸦回答说："松开我，妈妈可以活得更好。"母乌鸦听后一阵感动，于是用尽全身力量拍打着翅膀，终于安全到达了海的那一边。

其实很多时候，我们的父母需要的并不是那些表面的东西，他们更需要的是心灵上的呵护。再多的钱财，终究比不上一句关怀，一颗真心。

增广贤文

为人处世小贴士（九）

1. 日行一善，心定神安

行善事的人都是胸怀宽广的人，他们在帮助别人的同时自己也获得了心灵上的满足。善良是一种美德，也是一种个人气质的体现，行善的人付出自己的爱心，让别人感受到温暖，也感染了周围的人。中国古代讲究行善积德，认为一个人做的善事越多，德行就越高，这固然有迷信的成分，但是行善仍是有必要的。在自己力所能及的前提下帮助别人，是一件充满成就感的事。

2. 世上无难事，只怕有心人

人要做的事分两种，一种是简单的，一种是困难的，困难的事并不代表不可完成，它只表示想要完成它需要付出不一般的努力而已。只要肯下功夫，没有什么事是做不好的。做事的态度决定做事的成效，如果碰见困难就心生惧意，那么事情肯定难以做好。要有不怕困难、不屈不饶的决心，尽自己最大的努力去克服困难。风雨之后的彩虹是美丽的，那时的心情一定是最棒的。

3. 勤是摇钱树，俭是聚宝盆

勤俭节约是中华民族的传统美德，它和吝啬、小气、抠门不能划等号，它是指在适当的范围内降低消费，不铺张浪费。俗话说，好钢要用在刀刃上，花钱也是如此，应该花在有意义的事情上，比如吃饭、读书、学习和适当的娱乐。那些享乐型的消费是不可取的，那只会使人养成惰性，对于今后的人生是无益的。

一、你来选

1. 下列关于郑庄公的说法错误的是（   ）。

   A. 郑庄公是春秋早期一个比较有作为的国君。

   B. 郑庄公的母亲很偏心，不喜欢郑庄公。

   C. 对于母亲偏爱弟弟，郑庄公非常生气，最终亲手杀了弟弟泄愤。

   D. 郑庄公和颍考叔都是孝子。

二、你来连

郑庄公　　　　　　　击筑刺秦王

养由基　　　　　　　大器晚成的画家，擅长画虾

高渐离　　　　　　　掘地见母

齐白石　　　　　　　百步穿杨，箭术超群

三、你来答

1. 郑庄公曾说不到黄泉不会见他的母亲，可是后来他又挖了隧道只为见母亲一面，你怎样看待他这种行为？

但行好事，莫问前程。
河狭水急，人急计生。
明知山有虎，莫向虎山行。
路不行不到，事不为不成。
人不劝不善，钟不打不鸣。
无钱方断酒，临老始看经。

释文

　　只管多行善事，多做好事，个人的前途不必刻意去追求。河道狭窄，水流自然湍急，人在情急之下往往能想出好办法。

　　明明知道山中有老虎，就不要再去，一味蛮干是不行的。路你不走就永远不可能到达目的地，有些事你不去做就永远不会有完成的那一天。

　　很多人要经过劝解教育才会成才，就像庙里的钟，只有敲打后才会发出响声。到了没钱的时候才戒酒，到老了快死的时候再来学习，已经太晚了。

历史故事

行善要及时

　　庄周是我国古代著名的文学家，是道家学派的创始人之一。他的代表作《庄子》里记述了一个关于及时行善的故事。

　　庄子生活贫困，家里经常缺米少粮，实在无法维持生活。一天，他向监河侯借3升小米。监河侯却对他说："可以啊。不过我家现在没有很多米粮，你稍等一段时间再来吧。等我向老百姓收一点税之后，再借给你300两黄金。"

听了监河侯的话，庄子十分生气，说："我来你家的途中，听到呼唤求救的声音。我回头一看，看到路上的车辙里有一条快干死的鱼。那鱼希望我能在坑里倒几杯水，它好活命。于是我对鱼说：'你不要着急。我先到南方向吴王和越王商量借水，让他们修建水利，然后再将西江水引来这里救你，让你回到东海去。如何？'鱼很生气地说：'我失去了水就无法正常生活，现在我只要几杯水就可以活命了。你却这样回答我，不如你明天去卖干鱼的店里看看吧，那时候我的身体都已经变成鱼干了。'"

庄周生活困顿，需要的是粮食。他仅需要几升米就可以活命了，根本不需要其他东西，更无法等待那遥不可及的300两黄金。黄金再多，再有用，等到拥有它的时候需要它的人已经不在了，那还有什么意义呢。

增广贤文

点塔七层，不如暗处一灯。

万事劝人休瞒昧，举头三尺有神明。

但存方寸土，留与子孙耕。

灭却心头火，剔起佛前灯。

惺惺常不足，懵懵作公卿。

众星朗朗，不如孤月独明。

兄弟相害，不如友生。

合理可作，小利莫争。

释文

　　点亮七层塔的灯光，都比不上在黑暗处的一丝光亮来的可贵。平时做再多的好事，也不如在危难的时候做一件好事。但这并不是说平时就不要做好事了，只是效果不同而已。

　　很多事情都告诉人们不要背着人做昧良心的事，天上的神灵对这一切都了解得很清楚。要给子孙留点后路，为人要有一颗善良的心，并将之传给后代，从此教育子孙。不要轻易发怒，多做好事。

　　做人有时也需要糊涂些，很多聪明的人生活常常不如意，而一些糊里糊涂的人却能做事顺利。

　　很多星星的光芒还不如一个月亮来得明亮。有些事如果能找到合适的人来做，可以顶上很多人。

　　兄弟之间如果相互伤害，那还不如一个朋友。符合礼义的事情都可以去做，不要只顾眼前的小利益而耽误大局。

玄武门手足相残

　　唐太宗李世民是我国历史上一位很有作为的明君，他缔造了盛唐的繁荣，开创了"贞观之治"。但是，唐太宗登上皇位的路没有那么平坦，其中夹杂着兄弟手足相残的苦痛和无奈。

　　隋朝末年，隋炀帝无道，各地纷纷起义。太原留守李渊也起兵反隋，最终夺取了江山，建立了唐朝。李渊称帝后，立长子李建成为太子，而在建立唐王朝的过程中，屡立战功、有勇有谋的李世民却因为不是长子，只被封为秦王。

　　李世民手下良臣武将极多，而且他很有名望，这让李建成很是忌惮。李建成与弟弟李元吉结成同党，拉拢李渊宠爱的妃子，让她们在李渊的面前说李世民的坏话，使得李渊渐渐疏远了李世民。这样他们还不罢休，还想进一步谋害李世民。一天，李建成

请李世民去太子东宫喝酒，竟然在酒里下毒，李世民喝了几口就腹痛呕吐。多亏陪席的淮安王李神通救护及时，李世民才保住了性命。李世民的一再忍让却换来李建成的步步紧逼。

李建成想夺取李世民手中的兵权，于是想方设法抽调秦王府的大将。626年，突厥侵犯中原，李建成向李渊建议让李元吉出战。李元吉则提出要调李世民手下的大将尉迟恭和秦琼一起出征，还要求把秦王府的兵马都划归他管。并有消息说，他想把这些人马调去后全部活埋，进而除掉李世民。

在这性命攸关的时刻，秦王府的大将们一个个都义愤填膺，主张先下手为强。李世民咬牙同意，发动了玄武门之变。

唐高祖武德九年六月四日的清晨，李建成和李元吉汇合之后，从东门进入玄武门。到达临湖殿的时候，李世民率人马出现，此时的玄武门守卫已经被李世民策反，李建成想逃已经来不及了。李元吉由于太紧张，向李世民射了三箭都没有射中，而李世民一箭就射穿了李建成的喉咙，李建成当场毙命。李元吉想逃，却被尉迟恭一箭射死。事后，李世民向父亲李渊请罪，李渊也无可奈何，就立了李世民为太子。

李世民、李建成、李元吉都是亲兄弟，为了王位，却走上了相互残杀的不归路，实在是让人惋惜。

原文

> 牡丹花好空入目，枣花虽小结实成。
> 欺老莫欺小，欺人心不明。
> 随分耕锄收地利，他时饱满谢苍天。
> 得忍且忍，得耐且耐。
> 不忍不耐，小事成大。
> 相论逞英雄，家计渐渐退。

贤妇令夫贵，恶妇令夫败。

牡丹花再好看，也只不过是供人观赏罢了，枣花虽然不起眼，却能结出实实在在的果实。不要瞧不起小孩子，或许他们就是未来的栋梁之材。欺人的人，实际上是不明事理的人。

按照一定的季节种植庄稼，得到阳光雨露的滋润，丰收不忘耕种的人，也不要忘了老天的恩赐。万事尽量忍耐，有时候太过冲动，不冷静，会因小事酿成大祸。

家庭成员之间如果还争强好胜，虚荣自私，那么家庭关系永远是搞不好的。贤惠的妻子会让自己的丈夫有自信、有地位，而粗俗不知礼的妻子则会让丈夫没有出息。

历史故事

于谦少有才华

于谦是明朝著名的大臣，明英宗时皇帝被俘虏，敌人攻到京城，他力保京师，抵抗瓦剌，立下了汗马功劳。他为官清正，刚正不阿，两袖清风，有诗作《石灰吟》流传于世："千锤万凿出深山，烈火焚烧若等闲。粉骨碎身浑不怕，要留清白在人间。"

于谦出生在一个官宦之家，他的父亲和祖父都曾为官，后来因不好名利都做了隐士。在长辈的熏陶下，于谦从小就养成了爱好读书的习惯。五六岁的时候，他便能出口成章，尤其擅长作诗联对。于谦7岁的时候，一个和尚见他生得面相庄重，谈吐有度，便主动为他相面，称他将来一定是位救世宰相。相士的话虽然不可尽信，却给了于谦莫大的鼓舞，从此他更加发奋学习了。

村中有个富家子弟，不但嫉妒于谦的才华，更嫉妒于谦的名声。一天，他又看到于谦欢蹦乱跳的高兴劲，不由心中有气，便想当着大人的面羞辱于谦。他指着于谦的两个羊角辫说："你们

看于谦的两个小辫子，扎得多漂亮！听说将来还想做宰相呢，干脆我送给他一句话，叫做'牛头生龙角'，诸位说对不对？"

几个年轻人趁机起哄说："比喻得好，比喻得好！真是癞蛤蟆想吃天鹅肉啊！"于谦听了并没有生气，他知道这几个人整天偷鸡摸狗，不学无术，但他也决不甘心受辱。于谦冷笑两声，不屑一顾地对他们说："你说得不错，我本来是牛，不是龙，却

小学生国学文库

生了龙角。借你的吉言，我也要送你一句话，就与你刚才所说的凑成一副对联吧。你说的那句为上联，我的下联则是'狗嘴无象牙'！你看我对得合适吗？"

那富家子弟被骂得面红耳赤，又无言以对，只好灰溜溜地走了。

原文

一人有庆，兆民咸赖。
人老心未老，人穷志莫穷。
人无千日好，花无百日红。
杀人可恕，情理难容。
乍富不知新受用，乍贫难改旧家风。

释文

一个人有了成就，许多人都会感到有了倚靠。有时候一个人可以造福一方，造福一群人。是人都会衰老，这是自然规律，但是心不可以老。一个人可以穷，但是不能没有志气。

人不可能一辈子一帆风顺，总会有波折。花也不会长久的盛开，总会凋谢，世上没有一成不变的事物。即使是有特殊的原因而杀了人，道德上可以宽恕，但是法理不容，法不容情。

一下子富起来的人不知道如何生活，会有点手足无措。而突然贫穷下去的人，却很难改变原有的享受习惯。

历史故事

宁死不吃嗟来之食

战国时期，有一年齐国遭逢大旱，庄稼全枯死了，穷人只好吃树皮、草根，过着忍饥挨饿的日子。当时，到处都是沿路乞讨的饥民，而富人家的粮仓却是堆得满满的。

有个富人叫黔敖，他看见穷人挨饿，想施舍点粮食给灾民，又想摆出大善人的架子，满足自己的虚荣心。黔敖把窝窝头摆在路边，每来一个饥民，他便扔过去一个窝窝头，傲慢地说："嗟，来食（喂，过来吃）。"言语十分轻蔑。饥民大多接受了他的施舍，还有几个饥民为了窝窝头而争抢。黔敖看了十分开心，很有优越感，觉得自己就是大恩大德的活菩萨。

这时走过来一个非常瘦的饥民，看样子已经许多天没有吃东西了，整个人很是狼狈，走起路来都东倒西歪。黔敖看见这个饥民，特意拿了两个窝窝头，对着他大声吆喝："嗟，来食。"只见那饥民突然精神一振，瞪大眼睛，气愤地说："收起你虚伪的善意！我宁愿饿死也不会吃嗟来之食！"最终，这个饥民饥饿而死，但保全了自己的气节。

真正的善人做善事是不求回报的，行善者不应是高高在上的。而一个人可以穷困，但志气不可短，否则就失去了做人的人格。

原文

座上客常满，樽中酒不空。
屋漏更遭连年雨，行船又遇打头风。
笋因落箨方成竹，鱼为奔波始化龙。
记得少年骑竹马，看看又是白头翁。
礼义生于富足，盗贼出于贫穷。
天上众星皆拱北，世间无水不朝东。

释文

家道富足，自然高朋满座，酒杯不会空。屋漏的时候却又遭到连年下雨，行船时却又遇到迎面的逆风，凡事祸不单行，各种苦难会接踵而来。

笋因为掉下一层层皮才成为竹子，鱼儿因为有了奔波的经历才有了成龙的机会。至今还记得少年时骑竹马的情景，但转眼间头发已经白了，时间过得实在是快。

懂礼仪的人多处于富裕之家，而盗贼多是由于贫困而产生的，外界条件的不同会把人带上截然不同的两条路。天上的星星都环绕着北斗星，世界上所有河流最后都要归于大海，万事万物都有它自己的规律。

历史故事

刘宣苦读成才

明朝代宗景泰年间，江西吉安的刘宣十分好学，可惜家贫，没有钱供他上学。为了生计，刘宣只好到京城代替别人在龙骧卫当兵，专门为卫使养马。

养马是个脏活、累活，刘宣每日辛勤地干活，等到晚上休息的时候已经非常累了，他却抓紧这空闲的时间读书。他常常在马厩里看书，晚上的时候也不例外。

一次偶然的机会，刘宣和一个私塾老师谈论《春秋》，刘宣的见解和学识让这位老师十分惊讶和佩服。老师就把这件事告诉了卫使。卫使对刘宣刮目相看，给了他优良的待遇，让他有更多的时间看书，并且资助他参加科举。

刘宣很快就中了解元。在会试时，当主持考试的刘铉拿到刘宣的考卷时，十分惊讶于文中的才华，他认为作这个考卷的一定是个饱读诗书的老儒生。可是等到试卷启封，才知道原来是刘宣的文章。从此，刘宣更加出名，而刘铉也赢得了能识得人才的好名声。

刘宣在困境中不放弃，刻苦读书，抓住一切机会学习。正是

在这种精神下，他才有了后来的辉煌。假使他在贫困中放弃了，那么他一辈子就永远只是个下人而已。在封建时代，读书是真的可以改变命运的。而在当代，一个人有了学识，对于很多方面也都是有益处的。

原 文

君子安平，达人知命。

忠言逆耳利于行，良药苦口利于病。
顺天者存，逆天者亡。
人为财死，鸟为食亡。
夫妻相合好，琴瑟与笙簧。
有儿贫不久，无子富不长。
善必寿老，恶必早亡。

君子多是能要安分守己的，通情达理的人一般知晓天命。忠言听起来往往会很刺耳，但是它会对一个人的行动有利。良药虽然苦，却能治病。一切遵从天命的人会过得很好，反之则无法生存下去。人一辈子就是为了挣钱，鸟一生就是为了觅食。

夫妻之间的和睦应该像琴瑟笙簧那样配合默契，夫妻相互理解扶持，生活才会幸福。有了儿子，即使贫穷也不会穷太久，没有儿子就没有希望，就算暂时富有，也总有归于贫困的一天。下一代是家族的希望，是家族的未来，十分重要。

常怀善念做好事的人必定天长地久寿命长，干尽坏事的人多行不义必自毙。

历史故事

陈昉百犬

在宋朝，代代相传的陈氏家族是当时一个备受瞩目的家庭，以淳朴厚道的家风闻名。等到陈家由陈昉主持家务时，陈家已绵延13代，共同生活的族人有700多人。俗话说，人多嘴杂，就难免有摩擦纠纷，陈家却一直和和睦睦，代代都有贤人出。到底是什么原因呢？

原来陈家一直沿袭自立俭朴的家风，一切事务都尽可能自己动手，自力更生。这么一个大的家族，平时俗事繁杂，却从来不

增广贤文

用仆人，凡事亲力亲为，不使唤别人。陈家的孩子们从小就了解了物力维艰的道理，知道一切都来之不易，所以一生都能够刻苦耐劳，知足常乐。

陈家人虽多，但是每次吃饭都一起吃。每到吃饭的时间，大家都穿戴整齐，扶老携幼一起来吃饭。彼此一家人见了面都非常亲切，相互嘘寒问暖。大人和大人在一起，小孩和小孩在一起，长幼尊卑都有一定的规矩。吃完饭大家就开始聊天，这也是全家人共有的幸福时光。许多问题，许多相互之间的纠纷和不快往往可以在这个时候通过沟通解决，避免猜忌和误会。

陈家人上下一心，和和睦睦，就连他们家养的狗都受了熏陶。陈家一共养了100多条大小不同的狗，性格也像他们的主人，个个温顺乖巧。每到吃饭的时间，狗们也是牵家带口来到食槽前，彼此摇尾巴以示问候。每次等到年长的狗到来才开始吃食，从来没有吵闹声。

乡里的人见到陈家这般和睦，连狗儿都受到熏陶，深受感动，又想想自己平时为了琐事而与人争吵，很是羞愧。于是大家纷纷效法陈家，忏悔改过，使得当地的民风日益淳朴。郡守将陈家的事迹上报朝廷后，朝廷有感于他们人与人之间的和气，免除了陈家的徭役，还重重地赏赐陈家，希望以此感化全国。

家和万事兴，这句话从来都是不变的箴言。

原文

爽口食多偏作药，快心事过恐生殃。
富贵定要安本分，贫穷不必枉思量。
画水无风空作浪，绣花虽好不闻香。
贪他一斗米，失却半年粮。
争他一脚豚，反失一肘羊。
龙归晚洞云犹湿，麝过春山草木香。
平生只会量人短，何不回头把自量。

释文

美味的食物吃多了容易生病，凡事高兴过头就容易遭殃，做什么事都需要适度。富贵之人一定要安守本分，贫穷的人也不必枉费心机。画中的水和浪虽然逼真，但是不会动，布上面绣的花再鲜艳也闻不到花香。

贪图他人一斗米，却损失了自己半年的粮食；争别人一只猪蹄，却舍去了自己一肘羊肉。形容因小失大。

龙归洞后，云还是湿的。麝虽然走过了，但草上还留有麝气芳香。

有些人一辈子只会对别人品头论足，揭别人的短处，为什么不回过头来看看自己有什么缺点呢？

增广贤文

李自成乐极生悲

李自成是明末农民起义军首领，他发动了对抗明王朝的农民起义，以"均田免粮"的口号得到了贫苦大众的支持。起义军声势浩大，给了明王朝沉重的打击，加上明朝本就风雨飘摇，内忧外患，终于在1644年3月19日，起义军攻占了明朝的都城北京。崇祯皇帝穷途末路，自缢身亡，明王朝也宣布灭亡。

天下来得太容易，使得这帮农民出身的将军们有些自鸣得意，许多人都得意忘形了。他们忽略了逃到江南的南明小朝廷，更没有注意到关外的清兵正虎视眈眈，以为现在天下已定，享受的时候到了。他们纵容部下，骄奢淫逸，烧杀抢掠，军纪败坏，无所不为。李自成更是无心治理国家，每日只知道享受。

李自成的部下刘宗敏因贪恋明朝将领吴三桂的妾室陈圆圆的姿色，将她强行掳走。此时还是镇守山海关的吴三桂本来还在犹豫是投降清朝还是投降李自成，听到这个消息后，他怒发冲冠，

立刻决定投降满清。吴三桂打开山海关，引清兵入关，起义军早已没有了当初的英勇，根本不堪一击，不久便兵败，李自成逃出京城，后在九宫山战死。盛极一时的农民起义顷刻间灰飞烟灭。

从起义军占领北京到李自成出逃，一共只有42天。短短的42天，李自成和他的部下享乐了42天，结果形势就来了大逆转，正所谓乐极生悲啊。

> 见善如不及，见恶如探汤。
> 人贫志短，马瘦毛长。
> 自家心里急，他人未知忙。
> 贫无达士将金赠，病有高人说药方。
> 触来莫与说，事过心清凉。
> 秋至满山多秀色，春来无处不花香。
> 凡人不可貌相，海水不可斗量。

释 文

看见善良的行为要唯恐比不上，努力学习效仿，看见丑恶的行为，要远离，不能效仿。人穷了往往就没了志气，马瘦了就显得毛很长。

自己的事情只有自己会着急，他人未必知道、了解你的心情。人贫穷了不会有人来给你送钱，如果生病了可能会有人告诉你治病的方法。当别人触犯你的时候，不要与他过多地争论，事情过后自然会平静下来。

秋天一到，漫山遍野都是秀丽的景色。春天来临，处处都散发着花香。看人不能只看表面，海水是不能用斗来衡量的。观察问题要客观、全面。

增广贤文

177

鸡鸣狗盗的人才

战国时期，齐国的孟尝君喜欢招揽各种人才做门客，他对宾客从来都是来者不拒，尽可能地让他们各尽所能。

有一次，孟尝君率领众宾客出使秦国，秦昭王将他留下，想让他当相国。孟尝君不愿意，但是又怕得罪秦王，不敢拒绝，只好留下来。

不久，秦国的大臣们劝秦王说："留下孟尝君对秦国是不利的，他出身齐国王族，在齐国有封地，有家人，怎么会真心为秦国办事呢？"秦昭王觉得有理，便改变主意，把孟尝君和他的手下软禁起来，只等找一个借口杀掉。孟尝君知道自己处境危险，就向秦昭王的一个宠妃求救。这个妃子答应帮孟尝君说好话，但条件是拿一件天下无双的狐白裘（用白色狐狸腋下的皮毛做成的皮衣）当报酬。这下可让孟尝君为难了，因为他刚到秦国便将狐白裘献给了秦昭王。就在这个时候，他的一个门客说："我能把狐白裘偷来！"说完就走了。

原来这个门客最善于钻狗洞偷东西。他摸清情况，探知秦昭王将狐白裘放在了精品贮藏室。于是借着月光，逃过巡逻人的眼睛，轻易就把狐白裘偷了出来。那个妃子十分高兴，想方设法说服秦昭王放弃了杀孟尝君的念头。最终，秦昭王决定放孟尝君回国，并准备过两天为他饯行。

孟尝君怕夜长梦多，便立即率领手下偷偷骑马向东快奔。到了函谷关的时候正是半夜。按照秦国的法规，函谷关是每天鸡叫时才开门，此时正当半夜，鸡又怎么可能会叫呢？孟尝君正在犯愁，只听见几声"喔、喔、喔"的鸡鸣声响起来。接着，城关内外的雄鸡都打鸣了。原来孟尝君的另一个门客会学鸡叫，而鸡是只要听到第一声啼叫就立刻跟着叫起来的。守关的士兵虽然觉得奇怪，但也只能按照规定打开关门，孟尝君等人才得以出关。

　　天亮之后，秦昭王得知孟尝君已经逃走，立即派人去追，可哪里还追得上呢。鸡鸣狗盗之人，向来为人所不耻，但是在关键时刻，他们也能发挥重要的作用。

原文

清清之水，为土所防。
济济之士，为酒所伤。
蒿草之下，或有兰香。
茅茨之屋，或有侯王。
无限朱门生饿殍，几多白屋出公卿。
酒后乾坤大，壶中日月长。
万事皆已定，浮生空白茫。

释文

　　土能防水，酒会伤人，很多好汉倒在了酒色之下。很多时候，往往是很小的细节坏了大事，这是我们要借鉴的。

　　蒿草下面有可能长着芬芳的兰草，茅屋贫舍不能断言没有未来的将才。许多豪门贵族之家出现饥寒交迫的下人，但又有几家茅草房里出来的人能当上大官呢。很多人喝醉了才会感到很舒服，得到一丝满足。一切事上天都已经定好了，不用自己瞎忙了。（编者注：这是一种消极的思想，是不可取的。）

历史故事

韩信贫贱时

　　韩信是中国历史上杰出的军事家，西汉的开国功臣，是"汉初三杰"之一。韩信被后代奉为"兵仙"、"战神",他每次作战攻无不克,战无不胜,是秦汉时期的风云人物。然而就是这样风光无限的韩信,在年轻的时候也有过一段贫贱的日子。

韩信年轻时十分贫困,他没有正业,经常连肚子都填不饱,但又喜欢带着剑。当地有一个屠夫,他侮辱韩信说:"你个子比我高大,又喜欢带剑,我看你是内心怯弱。"并且还扬言说:"如果你不怕死,那就用剑刺死我,不然就从我胯下钻过去。"韩信注视了他一会儿,俯下身子从对方的胯下爬了过去。集市上的人都讥笑他,认为韩信胆子真的很小。

那时候韩信常去水边钓鱼,希望钓到鱼能填饱肚子。水边有一个洗衣服的老婆婆,看韩信可怜,总是带饭给韩信吃。韩信很是感激,说:"要是我将来功成名就,一定千金报答您。"老婆婆却有些生气地说:"我给你饭吃,哪里是为了你的报答,只是希望你振作起来,去干一番大事业。"韩信深受感动,于是投了军。

韩信先投靠项羽,后来在萧何的引荐下投靠了刘邦,被拜为

大将军，南征北战，立下赫赫战功，也扬名于当世。

韩信回到家乡后，当初的那个屠夫吓破了胆，以为自己死定了，谁知韩信并没有追究。而当初给韩信饭吃的老婆婆，韩信则派人送去黄金一千两，报答往日的恩情。

每个人都有困顿的时候，人生也总有低谷，有时候别人的小恩惠对自己会有大作用。做人要学会在逆境中生存，要知恩图报，也要学会宽以待人。

原文

千里送毫毛，礼轻仁义重。
一人传虚，百人传实。
世事明如镜，前程暗似漆。
光阴黄金难买，一世如驹过隙。
良田万顷，日食一升。
大厦千间，夜眠八尺。
千经万典，孝义为先。

释文

千里送毫毛，礼物虽然轻，但是它所代表的情谊不轻。一切都不可光看表象，而要看到事物所蕴涵的价值。

一个人说假话，经过很多人一传，假的便也跟真的似的。

世间的事一切都很清楚，以后的前程却是黯淡如漆。万事都是很艰难的，必须努力。时间是宝贵的，过去的时间就算黄金也买不回来了。人一辈子过得很快，要倍加珍惜。

就算你有万顷的良田，粮食储藏丰厚，但是你每天吃的粮食也不会超过一升。即使你有千间房子，你每晚睡的也只有八尺大的地方。不管什么样的经典里，忠孝仁义都是最重要的。

増广贤文

181

千里送鹅毛

　　唐朝唐太宗贞观年间，西域的回鹘国是大唐的一个藩国。一次，回鹘国为了表示对唐朝的友好，便派使者带了一些奇珍异宝来拜见唐王。在这批贡物之中，最珍贵的要数一只罕见的珍禽——白天鹅。

　　这个使者名叫缅伯高，他最担心的就是这只白天鹅会在半路上出什么差错，所以格外谨慎。一路上，缅伯高亲自喂水喂食，一刻也不敢怠慢，无微不至地照顾这只白天鹅。到达沔阳河边的时候，白天鹅伸长脖子，张开嘴巴想要喝水，并吃力地喘息着。缅伯高心怀不忍，于是打开了笼子，把白天鹅带到水边让它喝了个痛快。谁知道这只白天鹅喝足了水，就翅膀一拍，"扑喇喇"一声飞上了天。缅伯高奋力向前一扑，没有抓住白天鹅，只捡到几根羽毛，眼睁睁地看着白天鹅飞走了。

　　缅伯高这下惊呆了，知道自己没法交差，又不好去见唐太

宗，更不敢就此回到回鹘。他脑子里在想一个问题："怎么办呢？这下拿什么进贡，拿什么去见唐太宗呢？"思前想后，缅伯高决定继续东行。他拿出一块洁白的绸子，把扯下的几根天鹅毛包好，又在绸子上题了一首诗："天鹅贡唐朝，山重路更遥。沔阳河失宝，回鹘情难抛。上奉唐天子，请罪缅伯高。物轻人意重，千里送鹅毛。"

缅伯高带着珠宝和鹅毛不辞辛劳地赶路，终于到了唐朝的都城长安。唐太宗接见了缅伯高，缅伯高献上鹅毛。唐太宗看了那首诗，又听了缅伯高的诉说，哈哈大笑，非但没有怪罪他，反而觉得缅伯高忠厚老实，不辱使命，还重重地赏赐了他。

原文

一自入公门，九牛拖不出。
衙门八字开，有理无钱莫进来。
富从升合起，贫困不算来。
家中无才子，官从何处来。
万事不由人计较，一生都是命安排。
急行慢行，前程只有多少路。
人间私语，天闻若雷。
暗室亏心，神目如电。
一毫之恶，劝人莫作。
一毫之善，与人方便。

释文

人一旦进了官署，九头牛也拉不回来了。告状、打官司，不管有理没理，没有钱通融就不要去了。想要致富，必须会计划，按部就班地去做事，贫穷都是因为没有计划。家中没有一个有才能的人，怎么会有发达的机会，怎么可能获得官位呢？

世上的事都不用人去过多考虑，人的一辈子都由命运来安排。人一辈子的前程早就已经定好了，急行慢行都没什么区别。（编者注：当然，这种唯心的思想是不可取的。）

背后讨论别人的是非长短，别人虽然不知道，老天却都知道，字字如雷贯耳，十分清晰。暗地里做了亏心事，神灵看得一清二楚。只要是坏事，那么就算是一点点，都不要去做。好事哪怕只做一点点，却有可能给别人带来很大的方便。

历史故事

四知先生杨震

东汉时期的杨震小时候就十分热爱学习，在地方上很有名声。大将军邓骘听说杨震很贤明就派人征召他，推荐他为秀才。从此杨震四次升迁。

那一次，他从荆州刺史转任东莱郡太守。赴任途中，杨震路过昌邑，昌邑现在的县令由杨震从前举荐的荆州秀才王密担任。到了晚上，王密到杨震的住处拜见杨震，怀抱十斤金子要送给杨震，以报答杨震当年的知遇之恩。杨震说："我了解你，你却不了解我，为什么呢？"王密以为杨震是怕人知道而不肯收下，说道："现在是夜里，没有人会知道的。"杨震正言厉色地说："天知道，地知道，你知道，我知道，怎么能说没有人知道呢？"王密无言以对，拿着金子羞愧地走了。这件事后来被广为传颂，杨震也被人称为"四知先生"。

后来杨震又调任涿郡太守，他本性公正廉洁，从不接受下属私下的拜见。他的子孙常吃粗茶淡饭，出门也只是步行。他的老朋友都劝他为子孙置办点产业，但杨震都拒绝了，他说："让后

代被称作清官的子孙，把这个声望馈赠给他们，不是最好的遗产吗？”

欺人是祸，饶人是福。
天眼恢恢，报应甚速。
圣贤言语，神钦鬼伏。
人各有心，心各有见。
口说不如身逢，耳闻不如目见。
养军千日，用在一朝。
国清才子贵，家富小儿骄。

释文

欺骗伤害别人必定会招来灾祸，受到报应。能够宽容他人的人一定会有福分。天网恢恢，疏而不漏，善有善报，恶有恶报。

增广贤文

圣人的名言，鬼神都很敬重、服气，我们更应该信服。每个人都有自己独到的想法，对于事物的理解和认识也各有不同。

长期供养训练军队，为的是有一天需要用兵打仗。国家太平，官员清廉，有才能的人才能受到重视。富裕人家的小孩子总是要比穷人家的小孩子娇气。

范雎忍辱负重

范雎是战国时期秦国著名的政治家，他官至丞相，是秦昭王的重要辅臣。他提出了"远交近攻"的政治策略，帮助秦国在复杂的形势中收放自如，势力得到进一步的扩张。但是，就是这样一个杰出的人物，当年受到的屈辱却是常人难以想象的。

范雎起初是魏国人，有才华却得不到赏识，只有投在大夫须贾门下当门客。一次，范雎随须贾出使齐国，他的雄辩之才得到

了齐王的赏识。齐王要留他做客卿，并赠送他黄金和食物，这让须贾很难堪。

　　须贾回到魏国后，居然向相国魏齐诬告范雎收受齐王的贿赂，出卖情报。魏齐立刻将范雎抓起来，一顿暴打，打得范雎骨折齿落。魏齐以为范雎死了，就命人在尸体上撒尿，用破席子裹起来扔到厕所里。

其实范雎并没有死，他装死逃过一劫，回家后让家人办了葬礼，从此改名张禄，掩人耳目。后来，秦昭王的使者王稽访问魏国，范雎设法和他见面。王稽发现范雎是个人才，便将他带到了秦国。范雎到了秦国后帮助秦昭王巩固统治地位，削弱了重臣的实力，稳定国内形势后又提出"远交近攻"的外交政策，为秦国的强盛立下了汗马功劳。秦昭王对范雎十分器重，封他为侯，一人之下，万人之上。

公元前256年，秦国要攻打魏国，相国魏齐主张求和，魏王派须贾到秦国议和。当须贾知道他如今要见到的秦国丞相就是当年被他羞辱的范雎时，整个人都吓呆了，一个劲地跪在地上求饶。范雎借此好好地羞辱了须贾一番，使得魏国颜面尽失，被迫接受秦国的和谈条件。范雎还让须贾带话："秦国虽然同意讲和，但是对魏齐的仇不能不报，速将魏齐的人头送来。"

魏齐知道后，逃到赵国，但最终还是走投无路，自刎而死。范雎也报了当年的仇。

假使范雎受难时就自暴自弃或者甘心一死了之，又怎么会有今后的得意之时呢？人生不可能一帆风顺，我们在身处困境时千万不能放弃，成功或许就在下一步。

原文

利刀割体痕易合，恶语伤人恨不消。
公道世间唯白发，贵人头上不曾饶。
有钱堪出众，无衣懒出门。
为官须作相，及第必争先。
苗从地发，树向枝分。
父子和而家不退，兄弟和而家不分。

官有正条，民有和约。
闲时不烧香，急时抱佛脚。

历史故事

曹植作《七步诗》

　　三国时期，曹操儿子众多，其中三儿子曹植才华出众，很受曹操的疼爱。曹操很早就立长子曹丕为世子，后来又很想改立曹植，他的这个想法遭到了众多谋士的反对，再加上曹植有时不免张狂自大，这事也就作罢了。

　　曹操死后，曹丕当上了魏王，后又篡位当了皇帝。曹丕担心留下曹植会有后患，所以就以曹操亡故时曹植没来看望为由，追问逼迫。曹植被押到朝廷之上，曹丕大声问罪。曹丕和曹植是同父同母的亲兄弟，母亲卞氏开口求情。曹丕这才给曹植一个机会，让他在七步之内脱口作一首诗，否则杀无赦。

　　此时的曹植心灰意冷，早已是泪流不止，他感念此时兄弟相逼的悲痛，作了一首《七步诗》："煮豆燃豆萁，豆在釜中泣。

增广贤文

189

本是同根生，相煎何太急。"满朝堂的人都被这首诗所感动，曹丕的心也软了下来，于是赦免了曹植的死罪，将他软禁起来。

虽然逃过一死，可曹植对人生对前途已经彻底失望了，每天都借酒浇愁，失魂落魄，最终忧郁而死。

原文

幸生太平无事日，恐逢年老不多时。
国乱思良将，家贫思贤妻。
池塘积水须防旱，田地勤耕足养家。

小学生国学文库

根深不怕风摇动，树正无愁月影斜。
奉劝君子，各宜守己。
只此程式，万无一失。

　　有幸生在太平盛世，不知道到老了还有没有这么好。国家动乱的时候就盼望有良将出现，家境贫困的时候就思念贤惠善良的妻子。池塘里的积水是为了防止干旱，土地勤耕作才可养家糊口。

　　树根长得深，树就不怕风吹，树长得正，又怎会怕影子斜呢？一个人堂堂正正，就不怕别人的闲言碎语。奉劝大家，每个人都要注意克制自己，勤学、守法，遵守上面所说的先贤的训导去行事，就不会有什么差池了。

历史故事

乱世出英雄

　　刘备、关羽和张飞都是三国时期的大英雄，《三国演义》中对他们有非常详细的刻画。他们忠肝义胆，在乱世中南征北战，兄弟扶持，最终成就大业，得到后人的赞颂。他们的成功固然与他们的个人努力有关，但是东汉末年割据混乱的局势也给了他们一个很好的施展舞台。这就是所谓的"乱世出英雄"。

　　在混乱的情势下，法度遭到破坏，人也没有了那么多约束，一个人身上的潜能会充分发挥出来。发挥恶的一面就会成为大奸大恶之人，而如果把自己心中的抱负施展出来，奋发图强，那就一定会留名青史。乱世是一个残酷的试金石，庸人和劣者只会被淹没，而那些有着远大抱负的人、有超常能力的人才会在乱世中笑傲风云。

　　东汉末年爆发了黄巾军起义，当时的朝廷根本无力去平叛，

只好允许地方自行招募兵源以讨伐叛逆，而这就给了很多野心家扩充自己实力的机会，也是后来形成诸侯割据的原因。东汉末年，诸侯并立，最多的时候有数十方的势力，可是到最后，大浪淘沙，只剩下曹操、刘备和孙权三国鼎立，因为他们才是真正的英雄。而刘备起初实力弱小，东奔西逃，很是可怜，但是他靠着自己的仁义和不懈努力，终于也成功了，这都是他自己奋斗的结果。

刘备在从军前只是一个编草席、草鞋的市井之人，虽名为汉室后裔，但如果继续这样度日，肯定会一事无成的。而张飞虽然是个屠夫，有些资产，但是在乱世中，他的富户生活也不会过得

小学生国学文库

多么自在。关羽天生一副英雄气概，却只能做为一个看门护院的人。如果他们三人不是生于乱世，恐怕一辈子也就这样了，作为一个小平民，一个再平凡不过的角色苟活在人世间，生老病死。至于他们的能力，恐怕他们自己都不知道，最后湮没不提。万幸的是他们生在东汉末年，最终成就霸业，名留青史，他们是幸运的。当然，这与他们个人的努力也是息息相关的。

其实，有些时候外界环境的残酷并不可怕，只是我们自己不能失去生活的希望，奋斗的希望。逆境和顺境从来都是相对的，成功之人必定是要踩着挫折登上高峰的，经过磨炼和洗礼，成功才有价值。所以，我们要感谢挫折，笑看挫折，最终战胜挫折。一个真正的英雄，从来都是无所畏惧的。

为人处世小贴士（十）

1. 一分耕耘一分收获

俗话说"种瓜得瓜，种豆得豆"，种下去什么，收获的就是什么，没有第二种可能。这世上没有掉下来的馅饼，没有人可以不劳而获，不通过努力就能获得成功。也许有些人看起来正享受着别人奋斗多年才能拥有的条件，可是他们绝对没有奋斗后成功的那种成就感和满足感。有什么理想尽管努力去做，一步一个脚印，踏踏实实，追求卓越，成功会悄悄地降临在你身上。

2. 兄弟相处，和气友爱

兄弟就好比我们的手足，一个人如果缺少手足，那就是一个不健全的人。在小时候，兄弟一起长大，分享父母的爱，兄弟之间也有会有很深的感情，长大后或许会各奔东西，但是心永远连在一起。今天的我们，一定要珍惜兄弟姐妹，感谢他们陪伴自己一起度过一段美好时光。无论相隔多远，我们都要记得血浓于水，亲情不可断绝。

3. 人可以穷，但不可以没志气

人难免会有困厄的时候，可是在困厄的时候一定要保持自己的人格和尊严，不能因为生存和利益就出卖尊严。宁死不屈的人，宁可饿死也不吃嗟来之食的乞丐，他们都受到了后人的尊敬，而那些卑躬屈膝、投敌卖国的小丑早已被钉在历史的耻辱柱上。人之所以能称为人，就是因为有自己的血性和原则，如果就为了活着而不分青红皂白，那么就与畜生无异了。

一、你来选

1.下列说法错误的是（   ）。

A.李世民为了争夺王位，抢先一步出手，残忍地杀害了自己的兄弟。

B.刘宣发奋苦读，终于学有所成，考取了功名。

C.陈氏家族700多人和睦相处，连他们家的狗也很讲规矩。

D.因为放纵部下抢掠，李自成最终没有在北京站稳脚跟，仓皇逃离。

2.下列说法正确的是（   ）。

A.孟尝君收留门客非常不讲究，连鸡鸣狗盗的下等人也收留。

B.韩信是个有恩报恩、有怨报怨的人。他成功后，杀死曾经欺负他的屠夫，报答接济过他的老婆婆黄金一千两。

C.回鹘国王非常小气，派使者出使唐朝，却只以一根鹅毛作礼物。

D.杨震是个光明磊落的人，从不收受贿赂。

二. 你来连

杨震　　　　　　　　　情同手足，乱世豪杰

范雎　　　　　　　　　才华横溢，作《七步诗》

曹植　　　　　　　　　四知先生，为官清廉

刘备、关羽、张飞　　　忍辱负重，终成大器

三、你来答

1. 李世民原本无心杀害自己的兄弟，却被逼无奈走上手足相残的路，对此你有何感慨？你觉得兄弟相处最重要的是什么？

2. 回鹘使者缅伯高丢失了白天鹅，只以鹅毛作为礼物进献，可唐太宗并没有怪罪他，反而赏赐了他，你觉得这是为什么呢？

参考答案

单元小测试一

一、你来选

1.D   2.D

二、你来答

1.值得。在俞伯牙看来，只有钟子期能听懂他的琴音，给钟子期弹奏才有意义，别人不懂，弹奏得再好也是枉然。

2.反复无常的人，最终没有人会信任他。

单元小测试二

一、你来选

1. B

二、你来答

1.不正确。世上有好人也有坏人，从来都不绝对。

2.不合理。世上没有鬼神，一切都是未知。不信命运。算命先生的话不足以信，只要努力，一定可以获得成功。

单元小测试三

一、你来连

魏颗   挥泪斩杀爱将马谡

康熙   救助一只黄雀，后代成材

杨宝   放走原本要陪葬的父亲爱妾，战场上逃过一劫

诸葛亮   贤明的皇帝，严格教导子孙

二、你来答

1.是否相信可以各抒己见。不是为了别人的报恩去做好事。

2.不管什么人都应该认真学习，只要学习了知识，才有成大事的基础。

单元小测试四

一、你来选

1. B

二、你来连

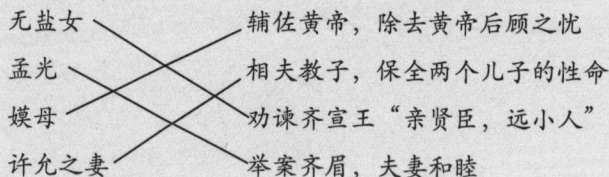

无盐女　　　　　辅佐黄帝，除去黄帝后顾之忧

孟光　　　　　　相夫教子，保全两个儿子的性命

嫫母　　　　　　劝谏齐宣王"亲贤臣，远小人"

许允之妻　　　　举案齐眉，夫妻和睦

三、你来答

1."四大丑女"虽然相貌丑陋，但是她们都有很好的德行。

单元小测试五

一、你来选

1. D　2. BCD

二、你来答

1.因为他们可以自由自在地做自己喜欢做的事，不用做别人的奴才。

单元小测试六

一、你来选

1. C　2. D

二、你来答

1.因为这不是车夫没有得到一块羊排骨的事，而是华元伤害了车夫的尊严。

单元小测试七

一、你来连

曹雪芹　　　　　　　夫妻情深

郭伋　　　　　　　　心胸宽广的宰相

苏轼、王弗　　　　　一代文学巨匠，著有《红楼梦》

蒋琬　　　　　　　　言而有信的君子

二、你来选

1. C

三、你来答

1.苏轼是一个文学奇才，是一个旷达的人。（各抒己见即可）

单元小测试八

一、你来选

1. A

二、你来答

1.人生先有舍才会有得，一会想着索取的人成不了大事。

2.再小的事物也会有他的用处。有时候对于我们来说或者是举手之劳，可对于别人来说就可能是莫大的帮助。

单元小测试九

一、你来选

1. C

二、你来连

郑庄公 —— 掘地见母
养由基 —— 百步穿杨，箭术超群
高渐离 —— 击筑刺秦王
齐白石 —— 大器晚成的画家，擅长画虾

三、你来答

1. 郑庄公毕竟是一片孝心，可以理解。

单元小测试十

一、你来选

1. A   2. D

二. 你来连

杨震 —— 四知先生，为官清廉
范雎 —— 忍辱负重，终成大器
曹植 —— 才华横溢，作《七步诗》
刘备、关羽、张飞 —— 情同手足，乱世豪杰

三、你来答

1. 封建时代关于权力的争斗充满了血腥，丧失人伦，让人痛心。兄弟相处要相互理解，彼此交心。

2. 唐太宗觉得回鹘使者很诚实，再者两个国家的友好关系从来都不是靠礼物多少来衡量的，而是双方的诚心。